FCOO02

SENSIBILIZACIÓN EN LA IGUALDAD DE OPORTUNIDADES

FCOO02

SENSIBILIZACIÓN EN LA IGUALDAD DE OPORTUNIDADES

Chema Gómez

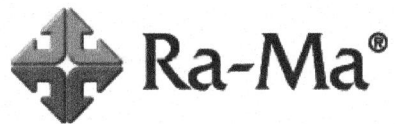

La ley prohíbe
fotocopiar este libro

FCOO02 - SENSIBILIZACIÓN EN LA IGUALDAD DE OPORTUNIDADES
Thema: KJMV22 Diversidad, igualdad e inclusión en el puesto de trabajo
Bisac: BUS115000
© Chema Gómez
© De la edición: Ra-Ma 2024

Editado por:
RA-MA Editorial
Calle Jarama, 3A, Polígono Industrial Igarsa
28860 PARACUELLOS DE JARAMA, Madrid
Teléfono: 91 658 42 80
Fax: 91 662 81 39
Correo electrónico: *info@grupoeditorialrama.com*
Internet: *www.ra-ma.es* y *www.ra-ma.com*
ISBN impreso: 978-84-1018-170-0
Depósito legal: M-7802-2024
Maquetación: Antonio García Tomé
Diseño de portada: Antonio García Tomé
Filmación e impresión: Safekat
Impreso en España en marzo de 2024

Dedicado a todas las personas
que me apoyan y creen en mí.

En especial, al ángel que me custodia
y es mi inspiración, VCP

Índice

Introducción

En el complejo escenario social y laboral del siglo XXI, la igualdad de oportunidades entre hombres y mujeres se erige como un elemento fundamental en la construcción de una sociedad justa, equitativa y progresista. Este libro, concebido como un acercamiento a la sensibilización y orientación laboral a este tema, se presenta como una herramienta esencial para comprender, abordar y promover la igualdad de género en el ámbito laboral.

Son tres los conceptos en los que se profundizará y se hará hincapié:

▶ **La igualdad de oportunidades entre hombres y mujeres**

Se tratarán los conceptos de igualdad de género, explicando los principios que la sustentan y la normativa que la respalda. Se examinará de manera objetiva y, a la vez, crítica el lenguaje sexista presente en la comunicación laboral, identificando sus manifestaciones y proponiendo diversas estrategias y soluciones para combatirlo. Además, se detallarán los planes y políticas institucionales diseñados para fomentar la igualdad de género en el ámbito laboral, evaluando su efectividad y de sus implicaciones prácticas.

▶ **El empleo y otros ámbitos para la igualdad de oportunidades**

El objetivo es sumergirse en el mercado laboral contemporáneo, explorando las complejas y diversas dinámicas que influyen en la contratación, promoción y desarrollo profesional tanto de hombres como de mujeres. Se analizará detenidamente la contribución de ambos géneros en el mundo laboral, mencionando las barreras y desafíos a los que se enfrentan las mujeres en su camino hacia la igualdad de oportunidades. Además, se detallarán las medidas legislativas y políticas dirigidas a fomentar la igualdad en diferentes ámbitos.

▶ **La desigualdad y la violencia de género**

Se analizará una realidad existente que pervive en nuestras sociedades:

- La desigualdad estructural.
- La violencia de género.

Es necesario conocer en profundidad los distintos tipos de violencia de género, comentando los factores culturales, sociales y económicos que la perpetúan. Además, se explorará el impacto que esta violencia tiene en la vida de las personas y en la cohesión social, así como las medidas necesarias para prevenir y erradicarla de manera total en la sociedad.

Además, se complementará la información con la situación de otros colectivos con dificultades para la inserción laboral. No solo se presentará la información teórica, sino que también se mostrarán ejemplos de varios sitios webs que ayudan en esta situación como el Instituto de las mujeres o la Asociación Alma.

LA IMPORTANCIA DE LA SENSIBILIZACIÓN

La sensibilización en la igualdad de oportunidades en el ámbito laboral desempeña un papel crucial en la construcción de entornos laborales inclusivos, equitativos y respetuosos. Dicha sensibilización va más allá de reconocer la importancia de la igualdad de género ya que implica un compromiso activo para cuestionar y abordar las desigualdades que persisten en el mundo laboral.

La sensibilización es el primer paso hacia el cambio. Pero, ¿cómo se puede definir la sensibilización? Para tener claro este concepto, muy importante no solo en el ámbito laboral sino en lo referente a todos los niveles de la sociedad, se va a definir siguiendo sus características:

En el mencionado ámbito laboral, es el proceso por el cual hay que concienciarse y comprender la cuestión relacionada con la igualdad de derechos laborales, de oportunidades y con el objetivo de romper todas las barreras que existan para que no se cumpla. No se basa en el hecho único de tener conciencia, es necesario lograr esta igualdad desde el primer momento, conociendo y sabiendo las desigualdades de género existentes y su influencia en la participación laboral de las mujeres.

Conociendo esto, hay que reconocer y comprender las brechas de género en el empleo, visibles en la discriminación laboral, las barreras para el avance profesional o las diferencias salariales, mencionando esto de forma general como algo que ha ido evolucionando en los últimos años, pero sin olvidar que para que el cambio sea total aún queda mucho que hacer. Sobre todo visible en trabajos que siguen unas pautas con roles de género tradicionales y normas culturales que pueden influir en el acceso de la mujer a un determinado trabajo.

Para una mayor sensibilización, es interesante que tanto las empresas como los centros de formación o búsqueda de empleo, difundieran y dieran a conocer los derechos laborales de la mujer, detallando aspectos tan importantes como la discriminación o el acoso en el trabajo además de los principales como los mencionados anteriormente (igualdad de remuneración, desarrollo profesional, etc.).

Esta sensibilización no se basa en que una empresa contrate a un número determinado de mujeres y las asigne un puesto porque sí. La inserción y la igualdad está presente cuando hay una atmósfera laboral equitativa y justa, en la que la igualdad de oportunidades y accesos sea igualitaria para avanzar profesionalmente.

Al tomar conciencia de esta sensibilización, tanto empleadores como empleados pueden comenzar a identificar y cuestionar los prejuicios y estereotipos establecidos que influyen en las decisiones de contratación, desarrollo y remuneración. Esta conciencia puede llevar a la implementación de políticas y prácticas que promuevan la igualdad de oportunidades, como la adopción de procesos de contratación basados en competencias y la eliminación de brechas salariales injustas.

Además, la sensibilización en la igualdad de oportunidades fomenta un ambiente de trabajo más inclusivo y colaborativo. Cuando los empleados están informados sobre las cuestiones de género y comprenden la importancia de la diversidad en el lugar de trabajo, están más dispuestos a reconocer y valorar las contribuciones de todos los miembros del equipo. Esto puede mejorar la moral, la productividad y la actitud de los empleados, creando posibles beneficios tanto para los individuos como para las organizaciones.

La sensibilización también desempeña un papel fundamental en la prevención y la respuesta a situaciones de discriminación y acoso laboral. Cuando los empleados, sin importar su rango en la empresa, están bien informados sobre sus derechos y responsabilidades en materia de igualdad de oportunidades, están mejor equipados para identificar y denunciar comportamientos discriminatorios o inapropiados. Esto puede ayudar a crear un entorno laboral más seguro y respetuoso para todos.

En resumen, la sensibilización en la igualdad de oportunidades en el ámbito laboral es fundamental para promover la igualdad de género y crear entornos laborales justos, inclusivos y respetuosos. Al aumentar la conciencia y el entendimiento sobre estas cuestiones, se consigue superar los desafíos y obstáculos que se encuentran en el mundo laboral y conseguir estar más cerca del objetivo final:

- Un mundo laboral equitativo
- igualitario, en el que no se tenga en cuenta el género de ninguna persona.

1

LA IGUALDAD DE OPORTUNIDADES

1.1 CONCEPTOS BÁSICOS

Para comprender correctamente la igualdad de oportunidades en el ámbito laboral, es fundamental sentar las bases mediante una serie de conceptos fundamentales. Dichos conceptos proporcionan la información necesaria para abordar las diferencias de género y diseñar estrategias efectivas para promover la equidad e igualdad en el empleo. Los elementos claves que se deben conocer son los siguientes.

Género

Obviamente, no se refiere a las diferencias biológicas entre mujeres y hombres. En este contexto, se refiere a las características socialmente construidas:

- Roles.
- Comportamientos.
- Atributos que una sociedad considera apropiados para hombres y mujeres.

El género entendido como lo que se ha ido construyendo a lo largo de los años en el ámbito social y cultural.

Igualdad de oportunidades

Implica que todas las personas, independientemente de su género, tengan las mismas oportunidades de acceso y participación en el mercado laboral. Esto significa que no debe haber discriminación basada en el género en los procesos de contratación, promoción o remuneración laboral.

Equidad de género

Se refiere a la justicia y a la imparcialidad en el trato de hombres y mujeres, teniendo en cuenta las diferencias y desigualdades históricas y estructurales que enfrentan. La equidad de género reconoce que pueden ser necesarias acciones específicas para abordar las desigualdades existentes y garantizar resultados equitativos.

Brecha salarial de género

Es la diferencia que existe entre los ingresos recibidos por hombres y los recibidos por mujeres. Puede deberse a diversas causas, como la discriminación salarial, la segregación ocupacional y las responsabilidades no remuneradas que recaen en muchas ocasiones de manera desproporcionada en las mujeres.

Prejuicios

Este término se refiere a las actitudes y creencias basadas en el género que pueden influir en las decisiones y comportamientos en el lugar de trabajo. Lo normal es que se muestren de forma sutil, aunque pueden ser más evidentes, como la preferencia por candidatos masculinos en la contratación o la asignación desigual de tareas laborales.

Estereotipos de género

Son creencias generalizadas sobre las características, habilidades y roles apropiados para hombres y mujeres en la sociedad. Estos estereotipos pueden limitar las opciones y oportunidades de las personas, aumentar la discriminación de género y dificultar la igualdad de oportunidades en el ámbito laboral.

> **AL COMPRENDER Y REFLEXIONAR SOBRE ESTOS CONCEPTOS BÁSICOS, LOS INDIVIDUOS Y LAS EMPRESAS PUEDEN AVANZAR EN LA CREACIÓN DE ENTORNOS LABORALES MÁS INCLUSIVOS, JUSTOS Y EQUITATIVOS PARA TODAS LAS PERSONAS.**

1.2 PRINCIPIOS FUNDAMENTALES

Una vez vistos los conceptos básicos, es necesario comprender y adoptar una serie de principios fundamentales para establecer una base sólida en la búsqueda de la igualdad de oportunidades en el ámbito laboral. Dichos principios guían las acciones y políticas destinadas a promover la equidad de género y garantizar un trato justo y equitativo para todas las personas en el lugar de trabajo. Se pueden establecer los siguientes principios fundamentales como los más importantes:

▼ **No a la discriminación**

Todos los individuos, independientemente de su género, deben ser tratados con igualdad y respeto en todas las etapas del empleo, desde la contratación hasta la promoción y el acceso a oportunidades de desarrollo profesional. La discriminación basada en el género, ya sea directa o indirecta, no tiene lugar en un entorno laboral equitativo.

▶ Equidad y justicia

Son necesarias medidas para garantizar que las personas tengan acceso igualitario a recursos, oportunidades y beneficios en el lugar de trabajo. Esto puede implicar la adopción de políticas de compensación justa, programas de capacitación accesibles y la creación de entornos laborales inclusivos que fomenten la participación de todos los empleados, sin importar su género.

▶ Transparencia

Es fundamental que las organizaciones sean transparentes en sus prácticas y decisiones relacionadas con el empleo. Esto implica divulgar información sobre políticas de igualdad de género, salarios y datos de diversidad de género en el lugar de trabajo. Además, es importante establecer la política de salarios para garantizar que se cumplan los objetivos de equidad de género y que se aborden de manera efectiva las preocupaciones y denuncias relacionadas por discriminación de género.

▶ Igualdad en los altos cargos

Promover la promoción de las mujeres en todos los niveles de la organización es esencial para construir una cultura de igualdad de oportunidades. Esto implica fomentar la participación activa de las mujeres en la toma de decisiones, proporcionar oportunidades de desarrollo profesional y eliminar barreras que limiten su progreso en el ámbito laboral. Este punto engloba todas las opciones, no la imposición a insertar a una mujer en un cargo alto para dar una buena imagen, en ocasiones falsa, sino a la verdadera opción de que cualquier persona puede ocupar un cargo si es válida, sin hacer distinciones.

▶ Educación y sensibilización

Ambas son herramientas poderosas para promover la igualdad de género en el lugar de trabajo. Es importante que esta información se trate desde la infancia y se incorpore a los centros educativos. Con esto, se conseguiría aumentar la conciencia sobre las cuestiones de género, los estereotipos y prejuicios de género, así como promover una cultura de respeto, colaboración e igualdad en el lugar de trabajo.

CON ESTOS PRINCIPIOS FUNDAMENTALES, LAS EMPRESAS Y DEMÁS ORGANIZACIONES PUEDEN AVANZAR EN LA CREACIÓN DE ENTORNOS LABORALES MÁS INCLUSIVOS, EQUITATIVOS Y RESPETUOSOS, DONDE TODAS LAS PERSONAS TENGAN LA OPORTUNIDAD DE ALCANZAR SU MÁXIMO POTENCIAL SIN IMPORTAR SU GÉNERO.

1.3 NORMATIVA Y LEGISLACIÓN

Para comprender la igualdad de oportunidades entre hombres y mujeres en el ámbito laboral, es crucial tener en cuenta la normativa y legislación actual que establece los marcos legales para proteger y promover los derechos de género. A continuación, se mencionan las más importantes:

▼ **Ley orgánica para la igualdad efectiva entre mujeres y hombres**

Esta ley establece el marco legal para garantizar la igualdad de trato y oportunidades entre mujeres y hombres en todos los ámbitos de la sociedad, incluido el empleo. Entre sus puntos, se encuentran medidas para prevenir y eliminar la discriminación de género en el acceso al empleo, la promoción laboral y las condiciones de trabajo.

▼ **Ley de igualdad retributiva entre hombres y mujeres**

Esta ley tiene como objetivo abordar la brecha salarial de género y garantizar la igualdad de remuneración por trabajo de igual valor. Establece medidas para identificar y corregir las diferencias salariales basadas en el género, así como para promover la transparencia en las políticas de remuneración y la evaluación objetiva de los puestos de trabajo.

▼ **Normativa sobre acoso sexual y laboral**

Existen leyes y regulaciones que prohíben el acoso sexual y laboral en el lugar de trabajo, tanto en España como en la Unión Europea. Estas normativas establecen la obligación de los empleadores de prevenir y abordar el acoso en el trabajo, proporcionar mecanismos de denuncia y garantizar la protección de las víctimas.

La imagen pertenece al sitio web Instituto de las mujeres, página oficial del Ministerio de Igualdad del Gobierno de España. Muy interesante para conocer todas las opciones y posibilidades que ofrecen en caso de duda o ayuda. Pese a que pueda estar enfocada al sector femenino, sería muy interesante que todas las empresas ojearan e hicieran un ejercicio de autocrítica para ver si cumplen todas las obligaciones que se presentan. En dicha web, se proporcionan un protocolo y modelos descargables para facilitar esta tarea. Es esencial conocer los derechos y recursos disponibles para garantizar un entorno laboral seguro y respetuoso.

Planes de igualdad en las empresas

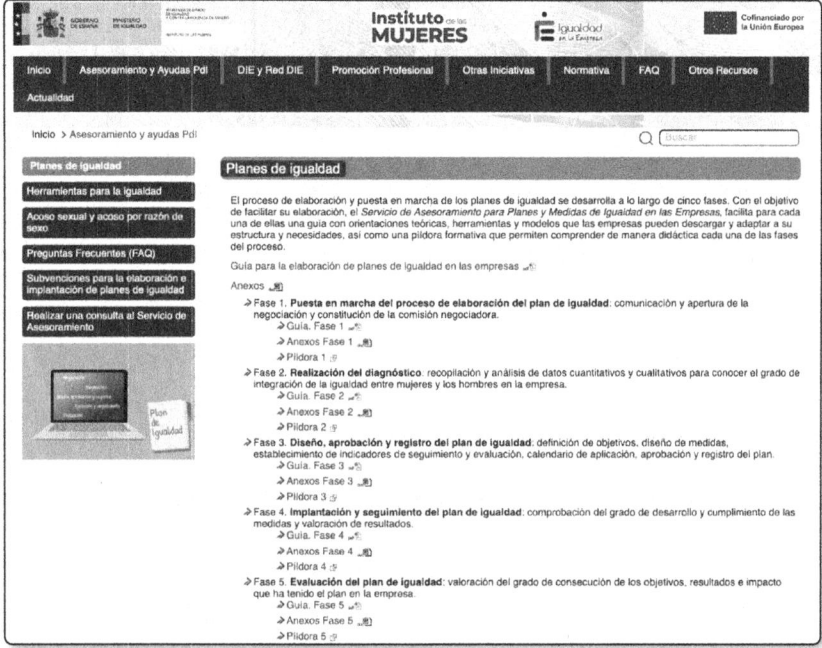

Así mismo, en dicha web, se encuentran los planes de igualdad. Todas las empresas están obligadas por ley a elaborar y aplicar estos planes que promuevan la igualdad de género en el empleo. Incluyen medidas para abordar la brecha de género en la contratación, la promoción y las condiciones laborales, así como para fomentar la conciliación entre la vida laboral y personal.

Directivas Europeas sobre igualdad de género

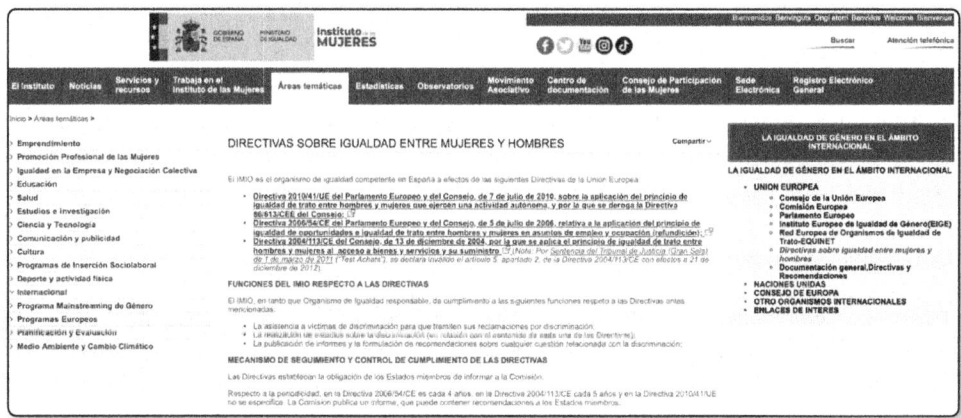

La Unión Europea ha adoptado diversas directivas que establecen normas mínimas para promover la igualdad de género en el ámbito laboral que también pueden encontrarse en este sitio web. Se abordan cuestiones como la igualdad de remuneración, la conciliación de la vida laboral y personal y la igualdad de trato en el empleo.

En resumen, la normativa y legislación actual proporciona todo lo necesario para proteger los derechos de igualdad de género en el ámbito laboral y garantizar la aplicación efectiva de políticas y medidas que promuevan la igualdad y la justicia para todas las personas, independientemente de su género. Es fundamental que las empresas y los empleadores estén familiarizados con estas normativas y cumplan con sus disposiciones para asegurar un entorno laboral inclusivo y respetuoso para todos sus empleados.

Lenguaje sexista en el ámbito laboral

El lenguaje sexista en el entorno laboral es fundamental para promover la igualdad de oportunidades entre hombres y mujeres. Esto implica identificar y corregir expresiones o prácticas que puedan dar lugar a estereotipos de género o, incluso, a generar discriminación.

El lenguaje sexista está presente en muchas ocasiones, manifestándose en palabras o frases ya establecidas, como hombre de negocios o ama de casa, que tienen un significado para ambos géneros, aunque las dos se refieran al papel del hombre en el trabajo y la mujer en la casa.

De la misma forma, el lenguaje sexista puede manifestarse en anuncios de trabajo que solicitan características específicas según el género. Aunque ahora esta práctica está cayendo en desuso, aún se pueden ver anuncios de ofertas laborales que busquen a una mujer joven, atractiva o incluso soltera. Esto son términos que inciden en el hecho de que, más que los valores y aptitudes, se busquen otro tipo de características totalmente ajenas al puesto.

Mención aparte tiene el lenguaje establecido en la sociedad y que, por desgracia, aún seguimos viendo. Para lograr la buscada igualdad, se deberían erradicar y, entre todos y todas, lograr que frases como "mujer tenías que ser", "además de guapa, eres lista" o "si tú trabajas, ¿quién hace las cosas en casa?", por poner unos pocos ejemplos, desaparezcan y se pueda lograr una equidad no solo en el trabajo, sino en todas las facetas de la sociedad.

Para solucionar este problema, es importante sensibilizar a las personas sobre el impacto del lenguaje sexista y fomentar un uso correcto en el entorno laboral. Esto implica utilizar un lenguaje neutral que no presuponga el género de las personas y promover la igualdad de trato en todas las comunicaciones y políticas de la empresa.

Además, es fundamental encontrar y denunciar esta práctica para corregirla. Hay muchas formas de lograrlo y cada empresa ha de establecer los métodos que crea apropiados. Cambiar las políticas, plantear formaciones y concienciar a toda la plantilla, sin importar el cargo, pueden ser algunas medidas para lograr el objetivo.

En resumen, el análisis del lenguaje sexista en el entorno laboral es una parte crucial de la lucha por la igualdad de oportunidades entre hombres y mujeres. Al promover un lenguaje inclusivo y no discriminatorio, las empresas pueden contribuir a crear un ambiente de trabajo más equitativo y respetuoso para todos sus empleados. Y, aunque no se considere importante en algunos casos, se comienza por pequeños detalles, por lo que todas las acciones que sirvan para lograr esta igualdad, será una buena evolución.

Planes y políticas institucionales para la igualdad de género

Para fomentar y establecer de forma obligatoria esta deseada igualdad, es necesario desarrollar planes y políticas institucionales, que están diseñadas para tratar las desigualdades de género existentes y promover la igualdad de oportunidades entre hombres y mujeres en todos los aspectos de la vida laboral.

En la web del Instituto de las Mujeres, vista anteriormente y perteneciente al Ministerio de Igualdad, se puede encontrar toda la información correspondiente, entre la que destacan las siguientes:

Plan estratégico, Plan inicial y Plan anual

- **Plan Estratégico para la Igualdad Efectiva de Mujeres y Hombres 2022-2025**
- **Memoria Económica**
- **Plan Inicial de Actuación IMs**
- **Plan Anual 2023**

Archivo PDF descargable en la web Instituto de las Mujeres

Es fundamental que estos planes sigan la normativa y legislación relevante en materia de igualdad de género. Esto incluye leyes y regulaciones que prohíben la discriminación por motivos de género en el ámbito laboral, así como aquellas que promueven la igualdad salarial y la conciliación entre la vida laboral y familiar.

Uno de los principales puntos de estos planes es la igualdad de oportunidades en la contratación y promoción laboral. Esto implica implementar medidas para garantizar que tanto hombres como mujeres tengan las mismas oportunidades de acceder a puestos de trabajo y avanzar en sus carreras profesionales, sin importar su género.

Además, suelen incluir medidas para abordar el lenguaje sexista y los estereotipos de género en el entorno laboral, visto anteriormente. Esto puede incluir la implantación de guías de lenguaje inclusivo y la sensibilización sobre la importancia de un lenguaje no sexista en todas las comunicaciones y políticas de la empresa.

Otro aspecto importante de estos planes y políticas es la promoción de la igualdad salarial entre hombres y mujeres. Esto puede incluir la realización de auditorías salariales para identificar y corregir las brechas salariales de género, así como la implementación de políticas de transparencia salarial que garanticen que todos los empleados reciban un salario justo y equitativo por su trabajo, sin tener en cuenta el género.

La mencionada web, así como todo el equipo que se dedica a ayudar y promover dichas leyes, están para ayudar a paliar todos los problemas vigentes en la igualdad, por lo que es muy interesante y útil seguir sus directrices y echar un vistazo a todo lo que propone.

Recogido en su área "Conócenos", observamos que sus funciones son "impulsar y desarrollar la aplicación transversal del principio de igualdad de trato y de oportunidades entre mujeres y hombres, así como elaborar, en cooperación con otros departamentos, los informes de aplicación de las Directivas de la Unión Europea, en las que el instituto es el Organismo de fomento de la igualdad".

En resumen, los planes y políticas institucionales para la igualdad de género son herramientas fundamentales para promover un entorno laboral inclusivo y equitativo. Al abordar las desigualdades de género y promover la igualdad de oportunidades en todas las áreas de la vida laboral, las empresas pueden crear un ambiente más justo y respetuoso para todos sus empleados.

2

EL MUNDO LABORAL Y SU EQUIDAD

2.1 SITUACIÓN ACTUAL DEL MERCADO LABORAL

¿Cómo es la situación actual de las mujeres en el mercado laboral? Aunque esté muy lejos del deseado, se puede afirmar que ha habido mejoría y hay una mayor participación del género femenino en comparación a años, aunque se puede usar mejor la palabra décadas, anteriores. Aunque, y esto es una realidad, siguen existiendo disparidades en lo que a oportunidades laborales y condiciones se refiere.

En muchos sectores, las mujeres aún se enfrentan barreras para acceder a puestos de liderazgo y a una remuneración alta. Pese a que se puede afirmar que el salario básico se ha igualado, muchas empresas establecen una serie de incentivos extras que evidencian esta situación.

Hay varios datos que lo afirman:

▶ Según el **INE**, en 2021 el salario de las mujeres fue de 14.481,6 euros frente a los 19.487,6 euros de los hombres.

▶ El **Ministerio de Universidades, ANECA y CRUE Igualdad** ofrecen un estudio de la brecha salarial de género en 2023, en los que se informa de una diferencia de un 12,7% de brecha salarial entre hombres y mujeres y un 19,1% en los complementos salariales.

Por otro lado, la situación laboral de las mujeres se ve influenciada por factores como la maternidad y las responsabilidades familiares. Las mujeres tienen obstáculos adicionales en su carrera profesional debido a la falta de políticas de conciliación laboral y familiar, así como a la continuidad de estereotipos de género que atribuyen a las mujeres el papel principal en el cuidado de la familia.

En resumen, si hasta ahora se han logrado avances en la igualdad de oportunidades en el mercado laboral, aún queda mucho por hacer para hacer desaparecer todas las disparidades de género y garantizar condiciones equitativas para todos los trabajadores. Es fundamental continuar trabajando en la eliminación de barreras y en la promoción de políticas inclusivas que permitan a hombres y mujeres desarrollar todo su potencial en el ámbito laboral.

2.2 FACTORES QUE INFLUYEN EN LA CONTRATACIÓN Y PROMOCIÓN LABORAL

En el proceso de contratación y promoción laboral, hay una serie de factores que pueden ser determinantes en las decisiones de las empresas. Uno de los aspectos más relevantes es la capacitación y experiencia previa de los candidatos. Las empresas suelen buscar personas que cuenten con las habilidades y conocimientos necesarios para desempeñar de manera eficaz las funciones requeridas.

Esta es la teoría, pero, ¿existen factores que diferencien a un candidato de otro según su género? La respuesta es sí. Aunque mucha parte de la sociedad y todas las empresas no lo reconozcan, estos factores siguen muy presentes hoy en día.

Uno de los principales es la presencia de estereotipos de género en la sociedad, que pueden influir en las percepciones de las habilidades y aptitudes de hombres y mujeres, lo que a su vez deriva en las decisiones de contratación y promoción. Por ejemplo, se presupone que, en la mayoría de casos, las mujeres tengan habilidades más blandas, como la empatía o la organización, mientras que los hombres dispongan de las más fuertes, que se relacionen con el liderazgo, algo que, de forma inconsciente, puede equilibrar la balanza para un puesto teniendo la misma cualificación.

Otro factor, y este es peor al estar en la mente de la sociedad, es el problema que pueda tener una mujer para conciliar su vida laboral con sus labores en el hogar. ¿No se presupone que este pensamiento es de otro siglo? Aunque así lo sea, puede influir en la percepción de que una mujer no pueda estar tan centrada o con el mismo tiempo disponible para el trabajo. Esto, sobre todo, puede afectar en la promoción de muchos puestos, por lo que es necesario que cambie.

No menos importante es la falta de políticas laborales que promuevan la igualdad en temas como las licencias parentales o la flexibilidad para las ocupaciones familiares. En el caso de tener que cuidar a un hijo/a, la empresa debería poner facilidades para su cuidado o su educación y no centrarse en que una parte de la pareja asuma esa responsabilidad por completo.

Por otro lado, la falta de representación de mujeres en posiciones de liderazgo también puede tener un efecto desalentador en las aspiraciones profesionales de las empleadas, ya que la falta de modelos a seguir puede dificultar su visualización en roles de alta responsabilidad.

En resumen, en el contexto de la igualdad de género en el trabajo, es fundamental reconocer y abordar los factores que influyen en el proceso de contratación, promoción y responsabilidades laborales. Cuidar estos factores significa conseguir un entorno laboral adecuado e ideal para crecer y prosperar, tanto de forma laboral como personal. Y como sociedad.

2.3 CONTRIBUCIÓN DE HOMBRES Y MUJERES AL TRABAJO

Bajo el contexto de la igualdad de género en el sector laboral, es esencial analizar la contribución tanto de hombres como de mujeres al trabajo y si esa contribución es valorada de manera equitativa.

A lo largo de la historia, ha existido una división del trabajo basada en roles de género, donde se asignaban ciertas tareas y responsabilidades según el sexo de la persona. Era algo normal que los hombres realizaran diversos puestos de trabajo, muchos de ellos de mayor rango y mejor retribuidos, y una quimera que una mujer pudiera realizarlos. Y esto no es una cosa de la época medieval, es algo que ha ocurrido hasta hace relativamente poco.

Sin embargo, en la actualidad, la buscada igualdad laboral parece que ha avanzado y es fundamental reconocer y valorar las diversas habilidades y talentos que hombres y mujeres aportan al entorno laboral.

En primer lugar, tanto hombres como mujeres poseen habilidades y capacidades únicas que pueden enriquecer cualquier lugar de trabajo. No hay que tener prejuicios con los empleados y reconocer las habilidades y técnicas que puedan hacer crecer a la empresa. Eliminar las presuposiciones de las que se han hablado y valorar a cada persona por sus cualidades, sin importar su género.

Además, es importante destacar que la participación de las mujeres en el mercado laboral ha aumentado significativamente en las últimas décadas. Por fortuna, se ha abandonado el pensamiento de que la mujer era la que se dedicaba en exclusiva a la casa. Referirse a las cualidades que aportan las mujeres es algo tan injusto que sería clasificar por género, algo que se está intentado evitar. Lo que sí es seguro decir, es que el sector femenino es una fuerza laboral con gran impacto en la economía y la sociedad. Por eso, hay que acabar con los problemas presentes y dejar que evolucione hasta su máximo.

Por otro lado, los hombres también pueden enfrentar a desafíos en el ámbito laboral relacionados con las expectativas tradicionales de masculinidad, que pueden limitar su capacidad para expresar emociones, buscar ayuda o equilibrar responsabilidades familiares y laborales. Al abordar estos estereotipos de género y promover una cultura organizacional inclusiva, se crea un entorno donde tanto hombres como mujeres se sientan valorados y apoyados en su desarrollo profesional.

En conclusión, reconocer y valorar la contribución de hombres y mujeres al trabajo es fundamental para promover la igualdad de género en el sector laboral. Al aprovechar las diversas habilidades y perspectivas que cada uno aporta, se fortalece la capacidad de las organizaciones para innovar, crecer y prosperar en un mundo laboral cada vez más diverso y globalizado.

2.4 MEDIDAS PARA PROMOVER LA IGUALDAD EN OTROS ÁMBITOS

En el ámbito de la igualdad en el sector laboral, es vital reconocer la contribución que hacen tanto hombres como mujeres que se ha visto en el punto anterior. La participación de ambos géneros, con las mismas oportunidades y condiciones, desemboca en una mayor productividad y un sentimiento de pertenencia que llevará a que el rendimiento mejore.

Sin embargo, a pesar de la contribución significativa de las mujeres al trabajo, todavía existen barreras y desafíos que limitan su plena participación y avance en el ámbito laboral. Estos pueden incluir la discriminación de género, la falta de oportunidades de desarrollo profesional y la brecha salarial de género, entre otros que se han visto.

Para tratar estas cuestiones y promover la igualdad en el sector laboral es fundamental implementar políticas y medidas específicas. Son muchos los programas, actividades o políticas que podrían establecerse, centrándose en temas tan importantes como la igualdad salarial, sistemas de promoción basadas en el mérito, medidas para evitar el acoso y la discriminación en el puesto de trabajo o formación de concienciación, por poner algunos ejemplos.

Además, es importante fomentar una cultura organizacional que valore la igualdad de género y promueva un ambiente de trabajo seguro, respetuoso y equitativo para todos los empleados. Estas pueden implicar la adopción de prácticas de reclutamiento y promoción transparentes y basadas en criterios objetivos, la implementación de políticas de licencia parental equitativas y el establecimiento de sistemas de apoyo para ayudar a los empleados a equilibrar sus responsabilidades laborales y familiares.

Promover la igualdad de género en el lugar de trabajo no solo es una cuestión de justicia social, sino también una medida estratégica que puede beneficiar a las empresas al fomentar la diversidad, la inclusión y el rendimiento laboral.

3

LA DESIGUALDAD Y LA VIOLENCIA DE GÉNERO

3.1 DEFINICIÓN Y TIPOS DE VIOLENCIA DE GÉNERO

En el contexto de la igualdad laboral, es crucial abordar la problemática de la desigualdad y la violencia de género, ya que estas tienen un impacto significativo en el ámbito laboral y en la vida de las personas. En este punto se definirá el concepto y los tipos a los que se puede enfrentar día a día.

Es tan sencillo definir la violencia de género como a cualquier acto de violencia que se cometa contra una persona debido a su género. De forma frecuente y general, la mujer suele ser la perjudicada, al menos si contamos el histórico y las experiencias estudiadas y, en ocasiones, vividas.

Algunos de los tipos más comunes de violencia de género incluyen:

▼ **Violencia física**

Se refiere a cualquier acción que cause daño físico a la víctima. Aquí, se incluye pegar, maltratar físicamente o cualquier actividad que provoque lesiones.

▼ **Violencia emocional**

Esta forma de violencia busca controlar, manipular o intimidar a la víctima a través de amenazas, insultos, humillaciones, chantaje emocional u otras tácticas destinadas a minar su autoestima y autonomía. Los abusos de poder también están presentes, ya que en escenarios laborales es una situación que se puede presentar.

- **Violencia sexual**

  Implica cualquier tipo de conducta sexual no deseada o forzada. No hay que restar importancia a este tema por alguna conducta o acto que no se considere lo "suficiente" grave. Muchas personas creen que para que haya violencia sexual es necesario que haya violación, pero se puede dar de muchas más formas. Las empresas, al igual que la sociedad y la ley, deben tener consentimiento cero con este tipo de abusos.

- **Violencia económica**

  Se produce cuando una persona ejerce control sobre los recursos económicos de la víctima, limitando su acceso al dinero, al empleo o a otras formas de sustento económico, con el fin de mantenerla dependiente y vulnerable. Este punto no suele darse en empresas grandes o totalmente transparentes, pero sí es algo a tener en cuenta.

Es importante destacar que la violencia de género puede ocurrir en cualquier contexto, incluido el ámbito laboral. Puede manifestarse en forma de acoso sexual en el trabajo, discriminación de género, intimidación o violencia física causada por compañeros de trabajo, superiores o, incluso, clientes.

Para abordar esta problemática, es fundamental comprender los factores que contribuyen a la desigualdad y la violencia de género, así como sus impactos económicos y sociales, como se detalla en los siguientes puntos. Además, es crucial implementar medidas institucionales y comunitarias para prevenir y combatir la violencia de género. Estas medidas pueden incluir políticas de tolerancia cero contra el acoso y la violencia, programas de sensibilización y formación en igualdad de género, servicios de apoyo a las víctimas y procesos de denuncia y seguimiento adecuados. Al abordar la violencia de género, se crean entornos laborales más seguros, justos y equitativos para todos.

3.2 FACTORES QUE CONTRIBUYEN A LA DESIGUALDAD

Este punto se centra en examinar los factores que contribuyen a la desigualdad y la violencia de género en el ámbito laboral y en la sociedad. Es crucial comprender estos factores para abordar eficazmente este problema. Algunos de los factores principales son:

▼ **Normas culturales y sociales**

Las diferentes normas existentes en la sociedad no ayudan a la igualdad entre géneros. Aunque no suene nada lógico, los estereotipos y roles de género, la superioridad masculina, tanto mental como física, o incluso la normalización de la violencia contra las mujeres, afectan a las opciones que tienen en el mundo laboral.

▼ **Desigualdad económica**

Todos los ejemplos que hemos visto, entre los que se incluyen las diferencias salariales, tanto en sueldos como en complementos, así como la promoción de mejores puestos de trabajo, afecta a la economía de las mujeres, pudiendo incentivar la violencia de género si se sienten dependientes, económicamente hablando.

▼ **Falta de acceso a recursos y apoyo**

Si no se tienen los medios necesarios, es complicado buscar ayuda y escapar de situaciones abusivas. Esto puede incluir acceso limitado a servicios de asesoramiento, refugios para víctimas de violencia doméstica y redes de apoyo comunitarias.

▼ **Discriminación y sesgos de género**

La discriminación de género en el lugar de trabajo puede perpetuar la desigualdad y crear un entorno propicio para la violencia de género. Pero, ¿qué es un sesgo de género?

El sesgo de género en el contexto laboral se refiere a las tendencias o inclinaciones que favorecen a un género sobre otro en diferentes aspectos del ámbito laboral, como la contratación, la promoción, la asignación de tareas, la remuneración o el acceso a oportunidades de desarrollo profesional, entre muchas otras. Puede manifestarse de diversas formas:

- **Prejuicios en la contratación**
- **Brecha salarial de género**
- **Estereotipos de género**
- **Falta de representación en puestos de liderazgo**
- **Asignación desigual de responsabilidades familiares**
- **Diferencias en las oportunidades de desarrollo profesional**

Los sesgos inconscientes pueden llevar a tratar de manera desigual a hombres y mujeres, lo que puede afectar negativamente a las oportunidades laborales y contribuir a la marginación de las mujeres en el lugar de trabajo.

Abordar estos factores requiere un enfoque total que abarque cambios en las normas culturales y sociales, políticas laborales y gubernamentales, así como iniciativas comunitarias para promover la igualdad de género y prevenir la violencia. Es fundamental abordar eficazmente estos desafíos y crear entornos seguros y equitativos para todos.

3.3 IMPACTO ECONÓMICO Y SOCIAL DE LA VIOLENCIA DE GÉNERO

La violencia de género, tanto en términos económicos como sociales, tiene un impacto profundo en el ámbito laboral. Esta violencia puede manifestarse de diversas formas como se ha visto (acoso sexual, discriminación laboral, intimidación, etc.) y sus efectos se extienden más allá de las víctimas directas, afectando también a la productividad y, por ende, a la economía y a la sociedad en general.

Impacto económico

En primer lugar, el impacto económico de la violencia de género puede ser significativo tanto para las víctimas como para las organizaciones. Las personas que sufren violencia de género pueden experimentar una serie de consecuencias económicas negativas como la pérdida de empleo, la disminución de ingresos debido a ausencias laborales e incapacidad para trabajar o mayores costos asociados con la atención médica y el asesoramiento. Además, la violencia de género puede obstaculizar el acceso de las víctimas a oportunidades laborales, limitando su capacidad para alcanzar su máximo potencial y contribuir plenamente al mercado laboral. Algunos de los casos que pueden darse son los siguientes:

- **Ausentismo laboral**

  Las personas que sufren violencia de género pueden faltar al trabajo debido a lesiones físicas, emocionales o por tener que asistir a citas legales o médicas relacionadas con la violencia. Esto produce una pérdida de productividad para la empresa y, en algunos casos, la necesidad de contratar a nuevos empleados para cubrir esas ausencias.

▼ Reducción de la productividad

Las víctimas de violencia de género pueden experimentar dificultades para concentrarse en su trabajo, tomar decisiones o comunicarse con compañeros y clientes. Esto desemboca en una disminución tanto de la calidad como de la cantidad de trabajo, afectando de manera negativa a la empresa.

▼ Costos adicionales para la empresa

Contratar cualquier servicio derivado, ya sea por seguridad, formación o posibles demandas, son costes extra para la empresa y que se podrían evitar si no existiera la violencia de género.

Impacto social

En términos sociales, la violencia de género puede conllevar a que las víctimas sientan un aislamiento y no se sientan parte de la sociedad deseada. La indiferencia hacia la violencia de género refuerza la desigualdad y los conceptos básicos por los que se lucha. Y en el ámbito laboral también se diferencian estas situaciones.

▼ Clima laboral negativo

La presencia de violencia de género en el lugar de trabajo puede crear un ambiente de trabajo tenso, lleno de miedo y desconfianza. Algo que afectará a las relaciones entre compañeros y a la empresa en su totalidad.

▼ Deterioro de la salud y el bienestar

Las personas que sufren violencia de género pueden experimentar problemas de salud física y mental como depresión, ansiedad, trastornos del sueño y lesiones físicas. Esto no solo afecta su capacidad para trabajar de manera efectiva, sino que también puede llevar a un aumento en los costos de atención médica y una disminución en la calidad de vida.

En resumen, la violencia de género en el lugar de trabajo no solo tiene un impacto devastador en las personas que la sufren directamente, sino que también tiene consecuencias económicas y sociales significativas para las empresas y la sociedad en su conjunto. Es fundamental que las empresas implementen políticas y programas efectivos para prevenir y abordar la violencia de género en el lugar de trabajo, promoviendo así un ambiente laboral seguro, inclusivo y productivo para todos sus empleados.

3.4 MEDIDAS INSTITUCIONALES Y COMUNITARIAS PARA PREVENIR Y COMBATIR LA VIOLENCIA DE GÉNERO

La lucha contra la violencia de género requiere una unión de todos los organismos, sociedades y gobiernos para frenar y dar solución a este problema.

Políticas gubernamentales y marcos legales

▶ **Leyes de protección y prevención**

Muchos países han promulgado leyes específicas para abordar la violencia de género, que incluyen medidas de protección para las víctimas, sanciones para los perpetradores y programas de prevención. Por ejemplo, en 2021, la Unión Europea lanzó la **Estrategia de la UE sobre la igualdad de género** y la **Agenda para los derechos de la mujer,** que incluyen medidas para abordar la violencia de género.

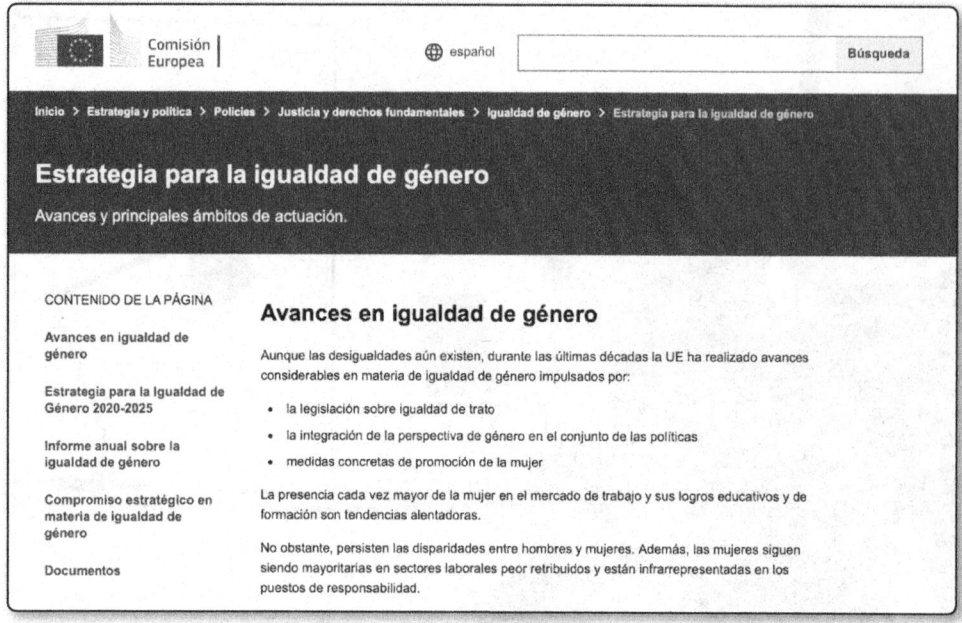

▼ **Fondos y recursos**

Los gobiernos están asignando recursos financieros para apoyar programas de prevención y respuesta a la violencia de género, que incluyen servicios de atención a las víctimas, campañas de concienciación y capacitación para profesionales que trabajan en este campo.

Programas de sensibilización y educación

▼ **Educación en igualdad de género**

La educación es un elemento clave, por lo que se están implementando programas educativos en las escuelas para promover la igualdad de género, el respeto mutuo y la prevención de la violencia de género desde una edad temprana.

▼ **Campañas de sensibilización**

Igual de importantes es concienciar a todas las personas, por lo que se realizan campañas públicas para sensibilizar a la población sobre la violencia de género, sus causas y consecuencias, así como para apoyar a las víctimas.

Servicios de apoyo y atención a las víctimas

▶ **Refugios y centros de atención**

Imprescindibles para ofrecer refugio, asesoramiento, apoyo emocional y toda la asistencia que necesiten a las personas que han sido víctimas de violencia de género. El principal objetivo, además de acabar con la violencia, es reconstruir la vida de las personas afectadas.

▶ **Líneas de ayuda y servicios en línea**

Se ofrecen líneas de ayuda telefónica y servicios web confidenciales y gratuitos para brindar apoyo, asesoramiento y orientación a las víctimas de violencia de género, así como a sus familias y allegados.

A continuación, y tomando como referencia la web de la Delegación del Gobierno contra la violencia de género, se va a mostrar las diferentes formas en las que se puede contactar para conseguir ayuda. Numerosas formas de pedir ayuda, como el botón de salir rápido o consejos para todas las situaciones lo hacen un sitio totalmente imprescindible para lograr la solución. Porque no todas las situaciones son iguales y necesitan una u otra forma de ayuda. Si eres consciente o tienes alguna sospecha de alguna persona que necesite esta información, compártela.

Para poder navegar con más tranquilidad por los contenidos de esta web, ten en cuenta lo siguiente...

Opción de "SALIR RÁPIDO": Dispondrás de un botón siempre accesible en pantalla.

Cuando abras un PDF, nunca le des a guardar o guardar como, solo a abrir. En caso de tener que salir rápido, cierra la ventana del PDF y en la posterior ventana dale al botón de SALIR RÁPIDO.

Borra tu historial de navegación para no dejar rastro después de informarte.

Utiliza el modo incógnito o privado de navegación, si no quieres que tu navegador guarde registro de los sitios web que visitas y del contenido que descargas.

Entrar

Más información, en Información sobre seguridad tecnológica

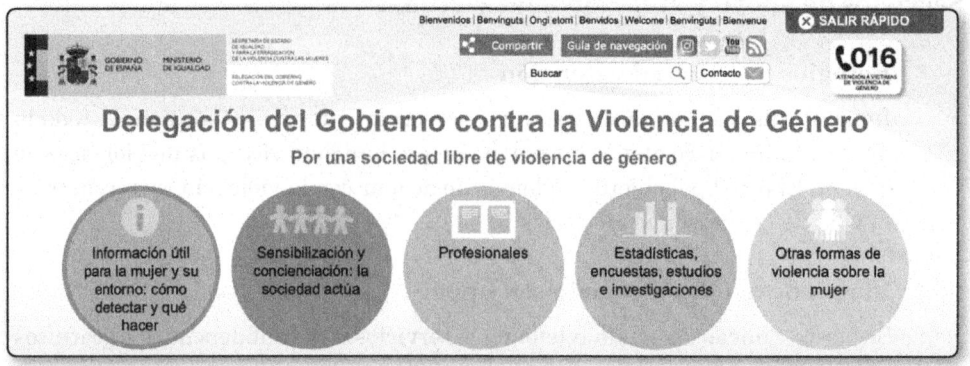

Capacitación y sensibilización de profesionales

▶ Preparación para personal de salud, educación y justicia

Se están implementando programas de capacitación para profesionales de diversos sectores, como personal médico, docentes y miembros del sistema judicial, para que puedan identificar y responder adecuadamente a los casos de violencia de género.

Estas medidas son fundamentales para prevenir y combatir la violencia de género en todas sus formas, promoviendo así sociedades más igualitarias, seguras y respetuosas con los derechos humanos. Sin embargo, es importante reconocer que aún queda mucho trabajo por hacer para erradicar completamente este problema y garantizar el pleno ejercicio de los derechos de todas las personas.

4

RECOMENDACIONES PRÁCTICAS

4.1 REFLEXIONES SOBRE LA IMPORTANCIA DE LA SENSIBILIZACIÓN EN LA IGUALDAD DE OPORTUNIDADES

La sensibilización en la igualdad de oportunidades es una herramienta vital en la búsqueda de una sociedad más equitativa y justa para todas las personas, ya sea hombre o mujer. Conocer la trascendencia de esta sensibilización y prevenir cualquier violencia de género son tan importantes como trascendentes.

Lo primero es reconocer y ser conscientes de que la sensibilización no se limita a la mera concienciación sobre la existencia de la desigualdad y violencia de género. Es mucho más ya que implica un proceso más profundo de comprensión y reflexión sobre las causas de estos fenómenos y las formas en que se manifiestan en diferentes contextos sociales, culturales y políticos.

La sensibilización debería comenzar desde temprana edad, tanto en el hogar como en las instituciones educativas, donde se deben fomentar valores de igualdad, respeto y diversidad. En estos espacios es donde se forjan las bases de las actitudes y los comportamientos hacia el género y también se puede comenzar a concienciar sobre la igualdad a través de programas educativos que promuevan la comprensión de las identidades de género, la diversidad sexual y la no discriminación.

Además, es crucial reconocer el papel determinante de los medios de comunicación y las redes sociales que pueden reforzar estereotipos dañinos o no promover una cultura de respeto y tolerancia. Por lo tanto, la sensibilización en los medios de comunicación y el cuidado en las distintas áreas multimedia son aspectos clave para desafiar las normas de género dominantes y promover una visión más inclusiva y diversa de la identidad de género.

Por otro lado, la sensibilización también debe extenderse a los ámbitos laborales donde se pueden implementar políticas y programas que promuevan la igualdad de oportunidades y la participación equitativa de todas las personas. Medidas para prevenir y abordar la violencia de género en el lugar de trabajo, la igualdad salarial o el mismo derecho de promoción son algunos de los ejemplos más claros.

En conclusión, la sensibilización en la igualdad de oportunidades es fundamental en la lucha contra la desigualdad y la violencia de género. A través de programas educativos, campañas de sensibilización, políticas inclusivas o un mayor cuidado en las redes sociales se puede avanzar hacia una sociedad más justa y equitativa donde todas las personas puedan vivir libres de violencia y discriminación, y donde se respeten y valoren las diversas expresiones de género y sexualidad.

4.2 RECURSOS Y ORGANIZACIONES DE APOYO PARA VÍCTIMAS DE VIOLENCIA DE GÉNERO

La atención y el apoyo a las víctimas de violencia de género son elementos esenciales en la lucha para acabar con ella. Sobre todo porque afecta a personas de todas las edades, géneros, orientaciones sexuales, etnias y niveles económicos. En este punto, se verán los diversos recursos y las organizaciones dedicadas a brindar asistencia y protección a las personas que sufren violencia de género en sus diferentes formas.

En primer lugar, es crucial destacar la importancia de las líneas de ayuda y los servicios de emergencia disponibles para las víctimas. Se ha visto ya que hay numerosas formas, ya sea a través de llamada telefónica, WhatsApp, correo electrónico, chat, etc. Esta ayuda ofrece un primer punto de contacto para las personas que necesitan apoyo inmediato y confidencial. Personal capacitado que proporciona orientación, información sobre los recursos disponibles y, en casos de emergencia, pueda coordinar la intervención de servicios de asistencia y protección. Además, incorporan consejos de mucha utilidad, como borrar el historial de internet, e incorporan un botón de salir rápido.

La página web del gobierno en tema de violencia de género incorpora toda la información necesaria, no solo cuando se es víctima directa, sino también cuando se duda si lo es. Lo aconsejable es actuar desde el primer momento y estar completamente informada. Además de esto, hay muchos apartados en los que se puede encontrar información muy interesante.

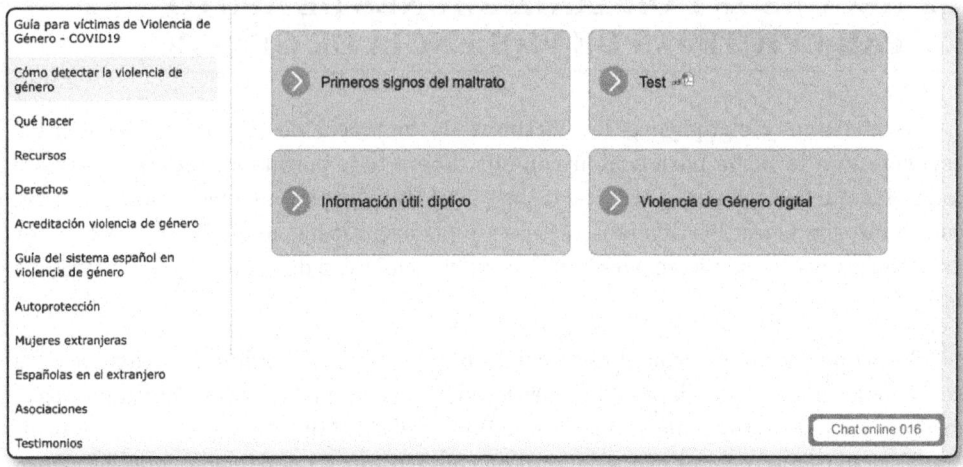

Además, las casas de acogida juegan un papel vital en la protección de las víctimas de violencia de género, ofreciendo un lugar seguro donde las personas pueden encontrar refugio temporal, apoyo emocional y asesoramiento para planificar su seguridad a largo plazo. No solo proporcionan alojamiento seguro, sino que también ofrecen servicios de apoyo integral, que pueden incluir ayuda psicológica, asistencia legal, programas de superación y ayuda para encontrar vivienda y empleo. Un buen ejemplo en España es Cáritas, en la que ofrece esta ayuda tanto a las mujeres como a los hijos.

Así mismo, existen centros de atención especializada que brindan servicios de asesoramiento psicológico y legal específicamente diseñados para atender las necesidades de las víctimas de violencia de género. Estos centros ofrecen evaluaciones de riesgo, terapia individual y grupal, asistencia legal gratuita o a muy bajo costo, y programas de intervención para agresores, entre otros servicios. Cada comunidad autónoma incorpora un sitio oficial en el que ofrece esta ayuda y con las mismas características que el servicio general del gobierno.

En el ámbito comunitario, las organizaciones no gubernamentales y los grupos de activistas desempeñan un papel fundamental en la sensibilización pública, la promoción de políticas de igualdad de género y la prestación de servicios de apoyo directo a las víctimas. Estas organizaciones, que incluyen centros de crisis, grupos de apoyo, redes de refugios y defensa de los derechos humanos, trabajan para brindar asistencia a las víctimas, abogar por cambios legislativos y sociales y crear espacios seguros y libres de violencia para todas las personas. Un buen ejemplo es la Asociación contra la violencia de género Alma, que ofrece ayuda con una gran cantidad de opciones, como un dispositivo camuflado para las víctimas de violencia de género y en la que cualquier ciudadano puede hacer donativos y participar en la causa.

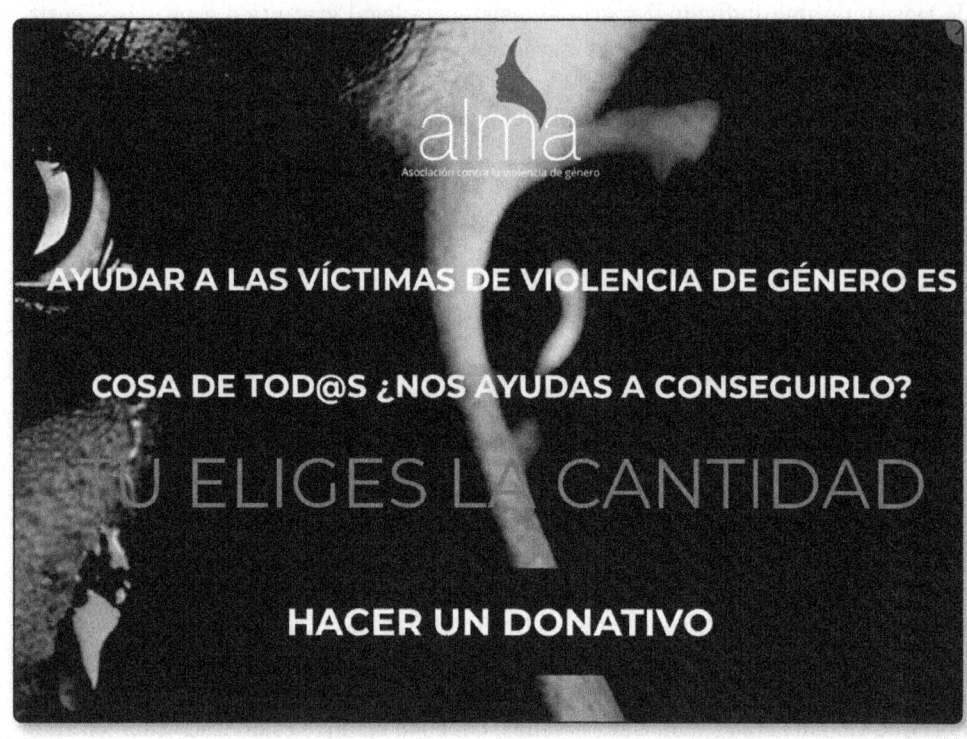

A nivel internacional, organismos como las Naciones Unidas, la Unión Europea y organizaciones intergubernamentales como el Consejo de Europa, desarrollan políticas y programas destinados a promover la igualdad de género y prevenir la violencia contra las mujeres y las personas de género no conforme. Estos organismos colaboran con gobiernos, organizaciones de la sociedad civil y demás entidades para desarrollar normativas, campañas de sensibilización y proyectos de cooperación técnica que aborden las causas de la violencia de género y promuevan la protección de las víctimas en todo el mundo.

En resumen, los recursos y las organizaciones de apoyo para víctimas de violencia de género son fundamentales para garantizar que las personas afectadas reciban la atención y la protección que necesitan. Sin embargo, es importante reconocer que aún queda mucho trabajo por hacer para garantizar que todas tengan acceso a servicios de calidad y que se aborden las causas profundas de la violencia de género en todas sus formas. Es una batalla que no se consigue acabar pronto, pero en la que merece la pena luchar porque las consecuencias pueden ser muy positivas para nuestro futuro como sociedad.

4.3 ESTRATEGIAS DE PREVENCIÓN Y EDUCACIÓN EN IGUALDAD DE GÉNERO

Las estrategias de prevención y educación son fundamentales para abordar las raíces profundas de la desigualdad y la violencia de género. Es fundamental examinar y conocer las medidas clave que pueden implementarse para promover la igualdad de género desde una edad temprana y prevenir las conductas discriminatorias.

Un punto que se ha visto y es fundamental es integrar la educación en igualdad de género en los sistemas educativos desde la infancia. Los programas escolares deben incluir contenidos que promuevan la igualdad de género, la diversidad sexual y la no discriminación, así como herramientas para reconocer y combatir los estereotipos de género desde una perspectiva teórica y práctica. No implica únicamente la concienciación de los alumnos, sino también la formación del profesorado en temas de género y la creación de entornos escolares seguros y libres de discriminación.

Además, es importante fomentar la participación activa de los jóvenes en la promoción de la igualdad de género a través de programas de educación en los que participen como talleres, campañas de sensibilización y demás actividades. Estas iniciativas pueden proporcionar a los jóvenes las habilidades y el conocimiento necesarios para desafiar los roles de género tradicionales y promover relaciones saludables y equitativas entre los géneros.

A nivel político, sería interesante fortalecer las legislaciones que protegen los derechos de las mujeres y promueven la igualdad en todos los ámbitos de la sociedad. Medidas para combatir la discriminación de género en el empleo, garantizar la igualdad salarial, promover la participación política de las mujeres y abordar la violencia de género en todas sus formas ayudarían mucho para intentar lograr la igualdad social. Es fundamental que estas políticas se diseñen de manera inclusiva y se implementen de manera efectiva, con la participación activa de las personas afectadas y las diversas organizaciones.

También es esencial involucrar a los medios de comunicación y a las nuevas tecnologías en la promoción de la igualdad y la prevención de la violencia de género. En este ámbito, el papel de las redes sociales es más importante para las nuevas generaciones que los medios de comunicación, por lo que se debería incitar y promover la divulgación de información y medidas a seguir por esta vía, por lo que es importante promover una cobertura mediática responsable que desafíe los estereotipos de género y promueva una cultura de respeto y tolerancia.

¿Cómo pueden ayudar las redes sociales?

La violencia de género y la inserción laboral son dos temas conectados que pueden abordarse de manera efectiva a través de las redes sociales. Además de lo visto anteriormente, las redes sociales pueden ayudar a incentivar que se aborden estos problemas de una forma más rápida y clara para muchas personas que forman la sociedad hoy en día.

Las redes sociales pueden desempeñar un papel crucial en la prevención y la respuesta a la violencia de género en el entorno laboral al proporcionar plataformas para la sensibilización, la educación y el apoyo a las víctimas. Pueden utilizarse para difundir información sobre los derechos laborales, los recursos disponibles para las víctimas de violencia de género y las políticas y protocolos de las empresas para abordar este problema.

Un primer paso es usarlas como herramientas de sensibilización para educar a los empleados y empleadores sobre la naturaleza y las consecuencias de la violencia de género en el lugar de trabajo. Se pueden compartir estadísticas, testimonios y recursos informativos para aumentar la conciencia sobre este tema y promover una cultura organizacional de tolerancia cero hacia la violencia y el acoso basados en el género.

Además, las redes sociales pueden ser utilizadas como canales de comunicación para brindar apoyo y orientación a las víctimas de violencia de género en el ámbito laboral. Las empresas y las organizaciones pueden establecer líneas de ayuda o grupos de apoyo en plataformas (Instagram, Facebook, Snapchat o cualquiera relacionada), donde las víctimas puedan buscar ayuda de manera confidencial y recibir asesoramiento de profesionales capacitados.

Asimismo, las redes sociales pueden facilitar la denuncia de casos de violencia de género en el lugar de trabajo y la implementación de medidas disciplinarias contra los agresores. Las víctimas pueden utilizar plataformas para compartir sus experiencias, buscar apoyo de otros compañeros y exponer a los perpetradores de manera segura y sin temor a represalias. En este sentido, además de las mencionadas, se pueden usar algunas más específicas del mundo laboral como LinkedIn.

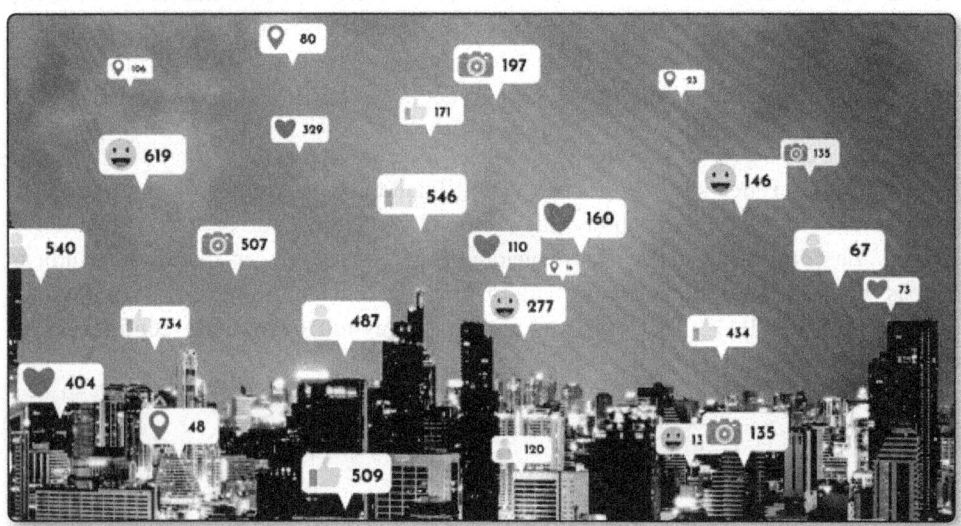

Por último, las redes sociales pueden ser utilizadas como herramientas de empoderamiento para las víctimas de violencia de género en el ámbito laboral al proporcionarles acceso a recursos y oportunidades de desarrollo profesional. Se pueden compartir enlaces a programas de capacitación, becas y oportunidades laborales que ayuden a las víctimas a reconstruir sus vidas y recuperar su independencia económica.

En resumen, las redes sociales pueden desempeñar un papel importante en la prevención y la respuesta a la violencia de género en el ámbito laboral al proporcionar plataformas para la sensibilización, el apoyo y el empoderamiento de las víctimas. Sin embargo, es importante reconocer que estas herramientas deben ser utilizadas de manera responsable y adaptarse en todo momento a la política de la empresa para que los diversos problemas se aborden de la mejor forma y el índice de participación de toda la plantilla sea alto.

Así pues, las estrategias de prevención y educación en igualdad de género son fundamentales para transformar las estructuras sociales y culturales que perpetúan la desigualdad y la violencia de género. Desde la educación en las escuelas hasta la promoción de políticas inclusivas y la sensibilización en los medios de comunicación es crucial trabajar en todos los frentes para construir una sociedad más justa e igualitaria para todas las personas, independientemente de su género.

En este sentido, la delegación del Gobierno contra la violencia de género incluye en su sitio web la forma de actuación, así como la normativa y diferentes estudios, en los diversos ámbitos que puede presentarse como el educativo, los medios de comunicación, sanitario o judicial.

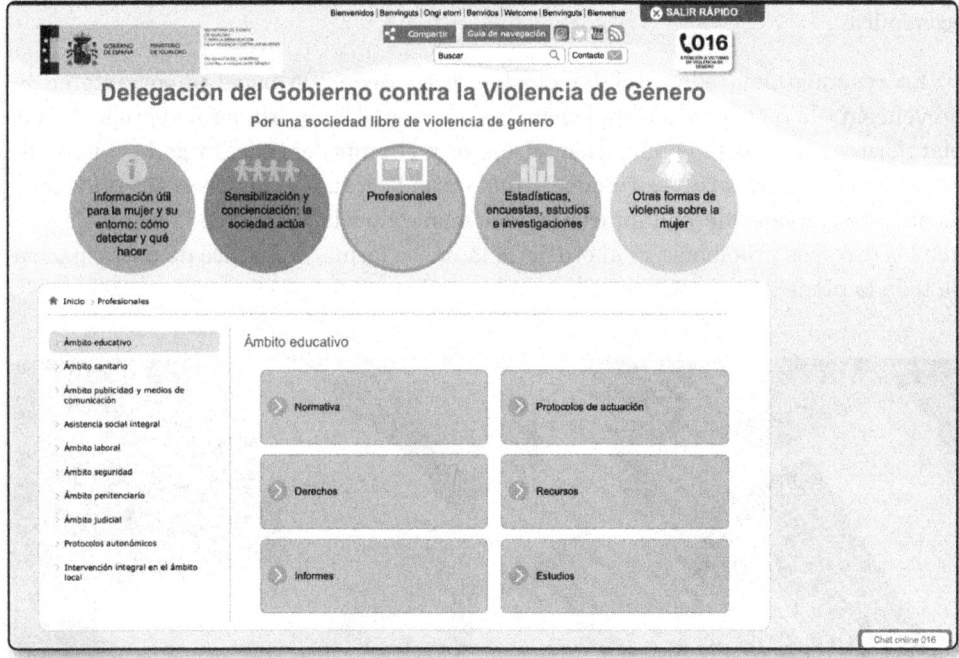

Es interesante y práctico, para todas las empresas y personas que necesiten y busquen información, que está disponible en PDF la guía de derechos para las mujeres víctimas de violencia de género. Para definir esta guía de derechos, seleccionamos la misma información que aparece en el sitio web.

La efectividad de los derechos y el pleno ejercicio de los mismos no es posible si sus titulares desconocen su existencia o de qué forma ejercitarlos.

Esta necesidad se hace aún más patente para las mujeres víctimas de violencia de género, para quienes es esencial conocer las medidas que pueden adoptarse en relación con su protección y seguridad, los derechos y ayudas que les reconoce la ley y los recursos de atención, emergencia, apoyo y recuperación integral a los que pueden acceder. Ésta es la finalidad de la presente publicación.

La garantía del derecho a la información, que la Ley de Medidas de Protección Integral contra la Violencia de Género reconoce a todas las mujeres víctimas de esta lacra social, no sólo es necesaria para su protección integral, sino que es el presupuesto básico para hacer realidad sus derechos constitucionales a la integridad física y moral, a la libertad y seguridad y a la igualdad y no discriminación por razón de sexo.

Extracto de la web del gobierno

Una buena forma de conocer y hacer llegar la información al mayor número de personas, empleados incluidos. Porque, y como dice su definición, no se puede hacer uso ni reclamar estos derechos si no se conocen.

¿Qué información relacionada con el mundo laboral incluye?

El artículo 21 de la Ley Orgánica 1/2004, de 28 de diciembre, de Medidas de Protección Integral contra la Violencia de Género, establece derechos laborales específicos para las mujeres víctimas de violencia de género con el objetivo de evitar que abandonen el mercado laboral debido a esta situación. Estos derechos incluyen:

▶ Derecho a la reducción de la jornada laboral con disminución proporcional del salario o a la reordenación del tiempo de trabajo para garantizar la protección de la víctima.

▶ Derecho a la movilidad geográfica preferente para ocupar otro puesto de trabajo en caso de tener que abandonar el lugar donde trabajaba.

▶ Derecho a la suspensión o extinción del contrato de trabajo si es necesario abandonar el empleo debido a la violencia de género.

▶ Derecho a trabajar total o parcialmente a distancia o a dejar de hacerlo si este fuera el sistema establecido, siempre que sea compatible con el puesto y funciones desarrolladas.

▶ Justificación de ausencias o faltas de puntualidad al trabajo motivadas por la violencia de género.

▶ Protección contra la nulidad del despido disciplinario o extintivo por ejercer los derechos reconocidos en el Estatuto de los Trabajadores.

En el caso de las trabajadoras autónomas económicamente dependientes, la Ley 20/2007, de 20 de julio, reguladora del Estatuto del Trabajo Autónomo, también se establecen derechos relacionados con la adaptación del horario de la actividad.

Estos derechos laborales son fundamentales para garantizar la protección y la inserción laboral de las mujeres víctimas de violencia de género, contribuyendo así a su empoderamiento y recuperación económica. Además, los convenios colectivos y acuerdos de empresa pueden contemplar mejoras adicionales en estos derechos.

5

CONCILIACIÓN FAMILIAR

5.1 DEFINICIÓN Y ALCANCE

La conciliación laboral y familiar es un concepto que abarca la búsqueda de equilibrio entre las responsabilidades profesionales y personales de un individuo. Se refiere al hecho de adaptar las necesidades del trabajo con las familiares y personales. Es necesaria la capacidad de gestionar de manera eficaz el tiempo y los recursos para cumplir con las obligaciones laborales sin descuidar las responsabilidades familiares y personales.

Este concepto no se limita únicamente al trabajo en sí, sino que se refiere a todas las áreas de la vida en las que se requiere equilibrar las responsabilidades y los deseos personales con las demandas laborales. Esto incluye el cuidado de los hijos, el tiempo dedicado a la pareja, en sí mismo o para cualquier *hobbie*. En resumen, cualquier actividad para satisfacer las demandas de la vida, ya sean por obligación o por disfrute personal.

Esto significa que la conciliación laboral y familiar no se trata simplemente de permitir a los empleados tomarse tiempo libre para atender asuntos personales, sino también crear un entorno laboral que valore y apoye la integridad y el bienestar de los trabajadores. Para ello, es necesaria la implementación de políticas y prácticas laborales que reconozcan y respeten las necesidades individuales de los empleados, promoviendo la flexibilidad y la autonomía en la organización del tiempo de trabajo.

En última instancia, la conciliación laboral y familiar es un componente esencial para promover la igualdad de género en el ámbito laboral, ya que permite a hombres y mujeres desempeñar roles profesionales y familiares de manera equitativa y satisfactoria. Además, contribuye a la productividad y al compromiso de los empleados, al tiempo que fomenta un clima laboral positivo y saludable.

5.2 BARRERAS Y OBSTÁCULOS

Las barreras y obstáculos para la conciliación laboral y familiar son múltiples y variados, y, a menudo, pueden dificultar la capacidad de las personas para equilibrar sus responsabilidades laborales con sus compromisos familiares y personales. Algunos de los principales obstáculos incluyen:

▼ **Disponibilidad entera**

Muchas empresas mantienen una cultura laboral que valora la disponibilidad constante y el sacrificio personal en beneficio del trabajo, lo que dificulta que los empleados tengan tiempo para atender asuntos familiares. Se juega con el miedo a que, si no se hace, pueda suponer una desventaja o algo en contra del empleado.

▶ **Falta de políticas de flexibilidad laboral**

La ausencia de políticas laborales flexibles, como horarios de trabajo ajustables, teletrabajo o permisos de ausencia remunerados puede limitar las opciones de conciliación para los trabajadores.

▶ **Estereotipos de género**

Los roles de género tradicionales pueden influir en el caso de quién debería ser responsable del cuidado de la familia, lo que puede llevar a que las mujeres asuman una carga desproporcionada de las responsabilidades familiares. Aunque el horario se haya ajustado a una jornada de maternidad o trabaje menos del 100%, la carga de trabajo, contando sus labores en el hogar o el cuidado de hijos, puede ser excesiva y afectar a nivel físico y mental.

▶ **Escasez de servicios de cuidado infantil asequibles y de calidad**

La falta de acceso a servicios para cuidar a su hijo/a públicos o el alto precio por uno privado puede dificultar que los padres trabajadores equilibren sus responsabilidades laborales con el cuidado de sus hijos. En este sentido, los familiares, en especial los abuelos, adquieren mucha importancia, pero no se puede depender en exclusiva o a lo mejor no se tiene esta posibilidad.

▼ Necesidad financiera

La situación económica de hoy en día obliga a mantener ingresos suficientes para no prescindir de ningún bien necesario. Esto puede llevar a que los trabajadores renuncien a oportunidades de conciliación laboral para no reducir sus ingresos.

▼ Falta de apoyo de la pareja o la familia extendida

La falta de apoyo por parte de la pareja u otros familiares puede dificultar que los trabajadores equilibren sus responsabilidades laborales y familiares.

Superar estas barreras requiere un enfoque por parte de las empresas que aborde y valore todos los aspectos que contribuyen a la dificultad de conciliar el trabajo y la vida personal. Esto incluye la implementación de políticas laborales flexibles, la implantación de una cultura organizacional que valore el equilibrio entre el trabajo y la vida personal y la promoción de cambios en los roles de género y las expectativas sociales sobre el cuidado de la familia.

5.3 IMPACTO ECONÓMICO Y SOCIAL

La conciliación entre la vida laboral y personal tiene un gran impacto de la igualdad de género en la sociedad contemporánea. Al abordar este punto, es esencial considerar cómo las políticas y prácticas de conciliación afectan de manera diferente a hombres y mujeres, así como su repercusión en la distribución equitativa de responsabilidades y oportunidades. Para equilibrarlo, algunas soluciones pueden ser las siguientes:

⊳ **Reducir la brecha de género en el ámbito laboral**

La implementación de medidas de conciliación (teletrabajo, horarios flexibles, licencias parentales, etc.) facilita la participación activa de las mujeres en el mercado laboral. Al permitirlas gestionar de manera más efectiva sus responsabilidades familiares y profesionales, se reduce la disparidad de oportunidades entre géneros. Esto conlleva a una mayor presencia femenina en puestos de liderazgo y a una disminución de la brecha salarial, promoviendo así la igualdad de género en el ámbito laboral.

⊳ **Responsabilidad en el hogar**

La conciliación fomenta la redistribución de las tareas domésticas y el cuidado de los hijos de manera más equitativa entre hombres y mujeres. Ofrecer opciones flexibles de trabajo y promover una cultura organizacional que valore el equilibrio entre vida personal y profesional, daría opción a una mejor conciliación con la pareja. Esto contribuye a que los hombres asuman un papel más activo en el cuidado de la familia, fortaleciendo así las relaciones familiares y promoviendo una mayor igualdad en la distribución de responsabilidades.

⊳ **Empoderamiento económico de las mujeres**

La conciliación facilita el acceso de las mujeres a oportunidades laborales y de desarrollo profesional, lo que les permite alcanzar un mayor grado de independencia económica. Al contar con políticas que les permitan combinar sus roles laborales y familiares de manera efectiva, se eliminan barreras que históricamente han limitado su participación en el mercado laboral. Esto no solo contribuye al empoderamiento individual de las mujeres, sino que también fortalece la economía en su conjunto al aprovechar plenamente el talento y la capacidad de la fuerza laboral femenina.

En conclusión, la conciliación desempeña un papel fundamental en la promoción de la igualdad de género al facilitar la participación equitativa de hombres y mujeres en todos los aspectos de la vida social y laboral. Al adoptar medidas que permitan un mejor equilibrio entre la vida personal y profesional, se avanza hacia una sociedad más inclusiva y justa para todos sus miembros. Aunque esto es algo que las parejas han de establecer, las empresas y organismos deberían dar las facilidades necesarias para lograr esta conciliación. Y teniendo en cuenta que cada caso es diferente uno de otro.

5.4 POLÍTICAS Y MEDIDAS PARA REDUCIR LA BRECHA SALARIAL

Para reducir la brecha salarial de género, es fundamental implementar una serie de políticas y medidas dirigidas a abordar y solucionar este problema que, entre otras desventajas, puede suponer malestar laboral. Estas políticas y medidas pueden incluir:

▼ **Legislación de igualdad salarial**

Establecer leyes y regulaciones que establezcan la igualdad salarial entre hombres y mujeres cuando el puesto de trabajo es el mismo. Evitar la discriminación salarial e instaurar la transparencia salarial por parte de las empresas.

▼ **Auditorías retributivas**

Se realizan para saber si una empresa paga lo mismo a hombres o mujeres que realizan la misma labor y así identificar y corregir cualquier disparidad salarial basada en el género. Estas auditorías pueden ayudar a garantizar que las mujeres reciban un salario justo por su trabajo y que se tomen medidas para abordar cualquier brecha salarial injustificada. Si se quiere conocer todos los detalles, así como los derechos que pertenecen, tanto a hombres como mujeres, de un salario adaptado y justo, la web del Instituto de las mujeres pone a disposición la guía técnica para la realización de Auditorías Retributivas con perspectiva de género.

▼ **Promoción de la transparencia salarial**

Fomentar toda la política de remuneración, incluyendo la divulgación de los criterios utilizados para determinar los salarios y la publicación de datos salariales desglosados.

▼ **Educación y sensibilización**

Implementar programas de educación y sensibilización en el lugar de trabajo para concienciar sobre la brecha salarial de género y promover la igualdad salarial. Cursos formativos o charlas para que todos los empleados conozcan la importancia de esta medida.

▼ **Incentivos fiscales**

Premiar a las empresas que implementen políticas y prácticas que promuevan la igualdad salarial puede lograr que otras sigan su ejemplo, además de asegurarse de que esa misma organización seguirá con su plan.

▼ **Apoyo a la conciliación laboral y familiar**

Como se ha abordado anteriormente, ofrecer políticas de conciliación laboral y familiar, como horarios flexibles, trabajo remoto y demás opciones ayudaría a las mujeres a equilibrar sus responsabilidades laborales y familiares.

▼ **Promoción del liderazgo femenino**

Implementar medidas para promover la participación de las mujeres en puestos de liderazgo y toma de decisiones en todos los niveles de la organización, lo que puede contribuir a reducir la brecha salarial y crear una cultura organizacional más inclusiva.

Estas políticas y medidas pueden ayudar a abordar la brecha salarial de género y promover la igualdad salarial en el lugar de trabajo, creando entornos laborales más justos y equitativos para hombres y mujeres. Sin embargo, es importante reconocer que la eliminación completa de la brecha salarial requerirá de un esfuerzo mayor de todas las organizaciones y personas que lo integran.

5.5 PERSPECTIVAS FUTURAS Y DESAFÍOS

¿Qué aspectos pueden influir a paliar esta brecha salarial? A continuación, se enumeran algunos que pueden ser trascendentes.

▼ **Evolución de las políticas laborales y sociales**

Se requiere un enfoque proactivo por parte de los gobiernos y las diferentes organizaciones para implementar políticas que promuevan la igualdad salarial y no seguir encadenados a la brecha salarial. En una palabra, evolución.

▼ **Tendencias tecnológicas**

La tecnología puede ser muy útil a las empresas para mejorar la eficiencia y la calidad del trabajo, algo que debe traducirse en el descenso de los puestos laborales, tanto a nivel técnico como retribuido. La idea de que la mayoría del trabajo sea sustituido por máquinas puede suponer ventajas para una empresa, pero sería algo a lamentar socialmente hablando.

▼ **Cambio cultural y mentalidades arraigadas**

Superar los estereotipos de género y las expectativas culturales arraigadas sobre los roles de hombres y mujeres en el trabajo y en el hogar seguirá siendo un desafío a superar. Se requerirá un esfuerzo continuo para promover una cultura laboral inclusiva y equitativa que valore las contribuciones de todos los empleados.

▼ **Educación y capacitación continua**

Elementos clave para cerrar la brecha salarial de género a largo plazo. Garantizar el acceso equitativo a la educación y la capacitación en las diferentes especialidades, incluyendo sectores bien remunerados, ayudará a que la mujer puede identificarse en un futuro con las características laborales que se presumen igualitarias.

Si bien se han logrado avances significativos en la reducción de la brecha salarial de género, aún siguen presentes desafíos importantes que requieren atención continua y acciones por parte de gobiernos, empresas y la sociedad en su conjunto. Abordar estos desafíos será crucial para garantizar un futuro laboral más equitativo y justo para todas las personas, sin tener en cuenta el género. Pese a que es un tema en el que la mayoría de las personas coinciden, no debe caer en el olvido y es necesario inculcar estos valores en toda la sociedad, por lo que el papel de las escuelas, el gobierno y todas las organizaciones, entre las que se incluyen los medios de comunicación y empresas de diverso tipo, debe ser convincente a la par que transparente.

Foto de La Moncloa (2024)

6

OTROS CONCEPTOS Y DUDAS

6.1 PERSONAS SIN GÉNERO

Una persona sin género es alguien que no se identifica con ninguna categoría binaria tradicional de masculino o femenino. Tomando el término mencionado, se definen como personas no binarias o agénero.

Al igual que otros conceptos y definiciones, se han ido asentando en la sociedad sin ser criticadas ni perseguidas como sí se hacía en años anteriores. Aunque aún sigue siendo algo en construcción ya que muchos aspectos del día a día no están preparados ni adaptados para las necesidades de estas personas.

En el ámbito laboral, las personas sin género a menudo se enfrentan a desafíos relacionados con la discriminación, la falta de reconocimiento y la poca aceptación de su identidad en los puestos de trabajo. Esto puede manifestarse de diversas formas, como la negación de acceso a oportunidades laborales, la discriminación salarial, la exclusión de programas de beneficios que se basan en la identificación de género e, incluso, a un ambiente laboral poco inclusivo que puede llevar a problemas de salud mental y bienestar emocional.

La falta de comprensión hacia esta decisión de identidad es mayoritaria en la sociedad, lo que se traduce en propios compañeros y jefes que, ante la falta de normas y leyes instauradas, pueden crear barreras para el desarrollo profesional y social en el ambiente laboral.

Para solucionarlo, deberían implantarse nueva políticas inclusivas y medidas que reconozcan y respeten la diversidad de identidades de género. Algunas son fáciles, como la opción de género no binario en los diversos formularios o la adaptación de espacios para una mayor comodidad.

Si bien es cierto que, en muchas empresas, ya sea por su espacio o por su distribución, no es posible adaptar, por ejemplo, aseos para las personas sin género, que deben elegir cual es la mejor opción. Aunque este ejemplo lo tienen asumido ya que la mayoría de establecimientos o zonas no lo incorporan y tienen mentalizada esta elección de una forma natural.

Al igual que en el caso de violencia de género, es muy útil crear y ofrecer cursos de información, protocolos internos y una mayor concienciación para que el ambiente laboral sea más equitativo e igualitario, consiguiendo que el reconocimiento laboral se consiga por los propios méritos y no por si eres hombre, mujer o no te reconoces como ninguno de estos géneros.

6.2 PORTAL DE TRANSPARENCIA

La igualdad laboral se ha convertido en un objetivo prioritario para las organizaciones comprometidas con la equidad y la justicia social. El acceso a la información transparente y veraz desempeña un papel fundamental en el fomento de prácticas laborales inclusivas y en la eliminación de disparidades basadas en género, etnia, orientación sexual y otras características de identidad. Una herramienta crucial para impulsar y lograr esta igualdad es el portal de transparencia.

¿Qué es el portal de transparencia? Tomando la información del sitio web oficial, la mejor forma para definirlo es la siguiente:

¿Qué es el Portal de la Transparencia de la Administración General del Estado?

Es un portal web, dependiente del Ministerio de Hacienda y Función Pública, donde se publica: información de las organizaciones administrativas recogidas en el epígrafe siguiente, información relativa a Gobierno Abierto, la información que la Ley de Transparencia obliga a hacer pública. Además, el portal permite el ejercicio del derecho de acceso a información no disponible en el portal.

¿Qué ámbito administrativo abarca este Portal?

Este Portal publica información relativa a:

■ La Administración General del Estado.

■ Las entidades gestoras y los servicios comunes de la Seguridad Social así como las mutuas colaboradoras de la Seguridad Social.

■ Los organismos autónomos, las Agencias Estatales, las entidades públicas empresariales y las entidades de Derecho Público que, con independencia funcional o con una especial autonomía reconocida por la Ley, tienen atribuidas funciones de regulación o supervisión de carácter externo sobre un determinado sector o actividad.

■ Las entidades de Derecho Público con personalidad jurídica propia, vinculadas a cualquiera de las Administraciones Públicas o dependientes de ellas, incluidas las Universidades públicas.

El Portal no contiene información específica de Comunidades Autónomas, Entidades Locales, Sociedades Estatales, Fundaciones y órganos Constitucionales. Estas entidades publicarán su información en sus respectivos portales web y sedes electrónicas.

En resumen, se concibe como un medio, basado en los principios de transparencia y con participación ciudadana, para fortalecer la confianza pública, promover la democracia y facilitar el control social sobre las acciones de las entidades.

Es un elemento clave para divulgar información relacionada con la igualdad dentro de una organización o empresa. Mediante la publicación de datos objetivos y actualizados, este portal permite a empleados, posibles candidatos, clientes y otras partes interesadas evaluar el compromiso de la empresa con la igualdad de oportunidades y el respeto a la diversidad.

Entre las funciones del portal de transparencia, se encuentran las siguientes:

▼ Acceso a documentación oficial

Facilita el acceso a documentos oficiales, como actas de reuniones, políticas internas y cualquier otro registro que pueda ser de interés público. De esta forma, se promueve la transparencia en la toma de decisiones y el uso responsable de los recursos públicos.

▼ Divulgación de información institucional

Sirve como referencia general de información sobre la estructura organizativa, funciones, objetivo y normativa de la entidad. Esta función permite a los usuarios comprender mejor el propósito y la operación interna de la organización.

▼ Publicación de presupuesto y datos financieros

Una de las funciones principales del portal es divulgar información detallada sobre el presupuesto, gastos, ingresos y toda la gestión financiera de la entidad. Puede incluir cualquier transacción económica relevante.

▼ Divulgación de datos de recursos humanos

A través del portal, las organizaciones pueden proporcionar información tan importante como políticas de contratación, procesos de selección, programas de desarrollo y cualquier otra información relevante relacionada con el personal.

▼ Transparencia en la gestión ambiental y social

Se pueden incluir datos y reportes sobre el impacto ambiental y social de las actividades de la entidad, así como las medidas adoptadas para reducir y gestionar estos impactos. Esto promueve la responsabilidad ambiental y el compromiso con el desarrollo sostenible.

▼ Fomento de la participación ciudadana

Puede contar con mecanismos para que los ciudadanos presenten solicitudes de información, realicen consultas públicas sobre políticas o proyectos y conozcan y den su opinión sobre la conducta de la entidad. Esto fortalece la participación ciudadana.

El conjunto de todas estas características contribuye a fortalecer la confianza pública, mejorar la rendición de cuentas y promover una gestión más eficiente y responsable por parte de las organizaciones y entidades gubernamentales. Y ayuda a que cualquier persona pueda conocer cualquier movimiento o política que siga una entidad sin tener una concepción errónea de ella.

6.3 PROMOCIÓN DE LA IGUALDAD LABORAL (2020-2025)

La Estrategia para la Igualdad de Género 2020-2025 representa un compromiso renovado por parte de la Unión Europea para abordar las desigualdades de género en todas las áreas de la vida, dando importancia a todas sin excepción.

Poner fin a la violencia de género

La violencia de género —es decir, la violencia dirigida contra una mujer porque es una mujer o que afecta a las mujeres de manera desproporcionada[13]— sigue siendo uno de los mayores retos de nuestras sociedades y está profundamente arraigada en la desigualdad de género[14]. La violencia de género, en todas sus formas, sigue sin denunciarse y aún se subestima, tanto dentro como fuera de la UE. **La UE hará todo lo posible para prevenir y luchar contra la violencia de género, apoyar y proteger a las víctimas de los delitos correspondientes, y exigir responsabilidades a los agresores** por su comportamiento abusivo.

 El 33% de las mujeres de la UE ha sufrido violencia física y/o sexual.

 El 22 % de las mujeres de la UE ha sufrido violencia por parte de su pareja.

 El 55 % de las mujeres de la UE ha sufrido acoso sexual.

Extracto del sitio web oficial

Dentro de esta estrategia, se destaca la importancia de promover la igualdad en el ámbito laboral como algo fundamental para alcanzar una sociedad más justa y equitativa. A continuación, se presentan las distintas medidas para intentar acabar con los problemas de las mujeres en su actividad laboral.

▶ Promoción de la igualdad de oportunidades en el empleo

Se establecen medidas concretas para eliminar la discriminación de género en el acceso al empleo y la progresión profesional. Incluye la promoción de prácticas de contratación justas y transparentes, las políticas de igualdad salarial y la implementación de medidas para garantizar la conciliación entre la vida laboral y personal.

▶ Reducción de la brecha salarial de género

Uno de los principales objetivos es reducir la brecha salarial de género, que sigue siendo un obstáculo significativo para la igualdad en el lugar de trabajo. Se proponen varias acciones como la transparencia salarial, diferentes medidas para combatir esta discriminación o la participación de las mujeres en sectores y ocupaciones mejor remuneradas.

 **15,7%** de brecha salarial entre hombres y mujeres en la UE.

 **30,1%** de brecha pensional entre hombres y mujeres en la UE.

La **eliminación de la brecha salarial de género** exige abordar todas sus causas profundas, incluidas la menor participación de las mujeres en el mercado de trabajo, el trabajo invisible y no remunerado, el mayor uso por parte de las mujeres del trabajo a tiempo parcial[56] y de las interrupciones de la carrera profesional, así como la segregación vertical y horizontal basada en los estereotipos de género y la discriminación.

Extracto del sitio web oficial

▶ **Fomento de la participación de las mujeres en sectores STEM y profesiones tradicionalmente masculinas**

Para promover una distribución más equitativa de oportunidades laborales se busca fomentar la participación de las mujeres en sectores de ciencia, tecnología, ingeniería y matemáticas y en otras profesiones tradicionalmente dominadas por hombres. El objetivo es eliminar los estereotipos de género en la educación y formación, así como mejorar el acceso de las mujeres a oportunidades de desarrollo profesional en estos campos. STEM es un acrónimo de las iniciales en inglés de las siguientes áreas de conocimiento: Science, Technology, Engineering and Mathematics.

▶ **Apoyo a emprendedoras y mujeres en el trabajo autónomo** La estrategia reconoce la importancia de apoyar el emprendimiento femenino y el trabajo autónomo como vías para promover la independencia económica de las mujeres.

En conclusión, la Estrategia para la Igualdad de Género 2020-2025 establece un marco integral para promover la igualdad laboral y abordar las desigualdades de género en el mercado laboral. A través de estas medidas, los objetivos son eliminar la discriminación, reducir la brecha salarial, fomentar la participación en sectores tradicionalmente ocupados por hombres y apoyar el emprendimiento femenino. La Unión Europea se compromete a construir un futuro donde todas las personas tengan igualdad de oportunidades y puedan realizar su potencial plenamente en el ámbito laboral.

6.4 RECURSOS ADICIONALES

Existen numerosas maneras de seguir formándose, tanto para saber más del tema como para poner en práctica la teoría. A continuación, se detallan algunas para que el tema siga muy presente y no haya excusas de desconocimiento.

⚐ **Formación online**

Existen numerosos cursos en línea y plataformas de aprendizaje que ofrecen contenido específico sobre igualdad de oportunidades laborales. Hay multitud de ejemplos donde se pueden encontrar cursos impartidos por expertos en el tema.

Ejemplo de Curso de Igualdad de Aula 10.

Formación presencial

Muchas organizaciones y centros de formación ofrecen programas y recursos educativos sobre igualdad de oportunidades laborales. Por ejemplo, la Organización Internacional del Trabajo (International Labour Organization) y la Comisión Europea ofrecen materiales de formación y herramientas prácticas para promover la igualdad en el lugar de trabajo.

Ejemplo de campaña contra el acoso y la violencia laboral (2021)

Publicaciones y recursos gubernamentales

Los gobiernos suelen proporcionar recursos y publicaciones gratuitas sobre igualdad de oportunidades laborales a través de sus agencias pertinentes. Estos recursos pueden incluir guías, informes de investigación, manuales de mejoras prácticas y herramientas de evaluación.

Redes profesionales y grupos de interés

Unirse a redes profesionales y grupos de interés relacionados sobre la igualdad de oportunidades laborales puede proporcionar acceso a recursos adicionales, así como oportunidades para el intercambio de conocimientos y experiencias con otros profesionales del campo. Muy útil para desahogarse y conocer la situación de otras personas que puede ser similar a la propia.

Bibliografía y literatura especializada

Existe una amplia gama de libros, artículos y estudios académicos dedicados a la igualdad de oportunidades laborales. Otorgan una comprensión más profunda de los conceptos clave y, en muchos casos, ejemplos llevados a la práctica.

▶ **Eventos y conferencias**

Asistir a eventos y conferencias sobre igualdad de oportunidades laborales puede ser una excelente manera de obtener información actualizada, establecer contactos con otros profesionales del campo y participar en debates y discusiones sobre temas relevantes. Hay multitud de charlas y conferencias que se realizan vía online, por lo que es más fácil que se puedan ver en directo o reproducidas posteriormente.

Ejemplo de conferencia vía LinkedIn

▶ **Planes de estudios universitarios y programas de posgrado**

Muchas universidades ofrecen programas de grado y posgrado en estudios de género, diversidad e igualdad, que incluyen cursos específicos sobre igualdad de oportunidades laborales. Estos programas pueden proporcionar una base sólida de conocimientos teóricos y prácticos en el campo. Pese a que hubo algún intento de introducir esta temática como grados, como el denominado

Política en Igualdad de Género, en las universidades está presente en forma de temario, conferencias o actividades. En FP, como se presenta en la imagen, sí existe una opción para cursar y especializarse, por lo que es una buena opción para quien quiera desarrollarse en este campo.

Estos recursos adicionales pueden complementar la formación en igualdad de oportunidades laborales y ayudar a los individuos y organizaciones a mejorar sus conocimientos, habilidades y prácticas en este importante ámbito.

7

COLECTIVOS PERJUDICADOS EN EL ÁMBITO LABORAL

7.1 DISCAPACITADOS

Las personas con grado de discapacidad (normalmente superior al 33%) son muy tenidas en cuenta por las empresas por las ayudas y facilidades que reciben por su contratación. Aunque, dependiendo de su incapacidad, no pueden realizar diversas labores, algo que en multitud de ocasiones no se respeta. En este punto, se va diferenciar tanto la legislación presente como las facilidades que debería tener este colectivo.

7.1.1 Legislación y políticas de inclusión

▶ **Legislación de protección y derechos**

Es necesaria la implementación de leyes que protejan los derechos laborales de las personas con discapacidad, como la Convención sobre los Derechos de las Personas con Discapacidad de las Naciones Unidas. El objetivo es garantizar la igualdad de oportunidades en el empleo, prohibir la discriminación laboral y exigir la adecuación de los lugares de trabajo para las personas que lo requieran. Pese a que se ha avanzado si se miran los últimos años, hay empresas que aún no disponen de servicios adaptados y que son necesarios para el buen hacer de una serie de empleados.

▶ **Oportunidad de empleo**

Establecimiento obligatorio de empleo para personas con discapacidad en empresas públicas y privadas. Puede variar según la legislación de cada país y se aplican como un medio para promover la inclusión laboral y la diversidad en el lugar de trabajo.

▸ **Incentivos para empleadores**

Creación de incentivos fiscales, subsidios o subvenciones para empleadores que contraten a personas con discapacidad. Estos incentivos pueden incluir deducciones fiscales o alguna compensación económica. En la actualidad, está presente en el pago de cuotas a la seguridad social y de subvenciones.

▸ **Programas de formación**

Cursos y conferencias adaptadas a las necesidades y habilidades de las personas con discapacidad. Estos programas pueden ser financiados por el gobierno o por diversas organizaciones y tienen el objetivo de mejorar las habilidades laborales y aumentar las oportunidades de empleo.

▸ **Accesibilidad**

Promoción de políticas, no solo en la teoría sino también en la práctica, que garanticen la accesibilidad física y tecnológica en el lugar de trabajo. Esto puede incluir la instalación de rampas, ascensores, baños accesibles u otras necesidades, así como el uso de software y dispositivos adaptativos para facilitar el trabajo de personas con discapacidad visual o sonora.

▸ **Sensibilización y educación**

Campañas dirigidas a empleadores, compañeros de trabajo y a la sociedad en general sobre la inclusión laboral de personas con discapacidad. El objetivo es eliminar toda discriminación existente y promocionar diversos puestos. Un buen ejemplo es elaborar cursos prácticos para que todos los empleados vean a lo que se enfrenta una persona con discapacidad.

7.1.2 Adaptaciones en el lugar de trabajo

En el punto anterior se ha mencionado la adaptación de los elementos necesarios para que una persona con discapacidad pueda elaborar de la mejor forma su trabajo. A continuación, se van a resumir los principales puntos.

Accesibilidad física

Realización de modificaciones en el entorno físico del lugar de trabajo para garantizar la accesibilidad para personas con discapacidad. Toda empresa debería tener las mencionadas rampas, ascensores o baños adaptados, no solo para su personal sino para cualquier persona que visite las instalaciones.

▼ Tecnología asistencial

Implementación de tecnologías que ayuden y dispositivos adaptados para ayudar a los empleados con discapacidad a realizar sus tareas laborales de manera efectiva. Esto puede incluir software de reconocimiento de voz, lectores de pantalla, teclados ergonómicos, ratones adaptativos y dispositivos de comunicación alternativa y aumentativa (CAA). Un buen ejemplo son los dispositivos SAAC. Para conocerlos, se usan dos imágenes extraídas de la web de la Fundación ConecTea, especialista en casos de autismo.

Un ejemplo de dispositivos, en este caso *tablet*, adaptada es la siguiente:

- **Facilidad en las tareas y horarios**

  Flexibilización de las tareas laborales y horarios de trabajo para acomodar las necesidades individuales de los empleados con discapacidad. Posibilidad de teletrabajo y horarios teniendo en cuenta posibles revisiones o incidiendo en las necesidades personales y físicas de cada uno.

- **Sensibilización**

  El conocimiento por parte de los compañeros de trabajo de las dificultades y necesidades de las personas con discapacidad pueden mejorar el ambiente y crear una atmósfera de comprensión que mejoraría el ambiente laboral.

- **Figura de asesor**

  Aunque no todas las empresas puedan tener la opción de contratar a uno, un asesor o persona que ayude con cualquier problema puede ser una iniciativa muy bien vista. Si el presupuesto es limitado, se puede valorar el asesoramiento online.

- **Desarrollo laboral**

  La labor no acaba únicamente en la contratación ya que las personas con discapacidad tienen que tener también la opción de desarrollarse de forma interna en la empresa y optar a mejores puestos, tanto profesional como económicamente.

7.2 EXTRANJEROS

Las personas que vienen a nuestro país, ya sea por necesidad u obligados, suelen encontrar varias barreras que hacen que su situación laboral no sea la más adecuada. Encontrar un trabajo legal, bien remunerado o que se adecue a su formación suele ser, en muchas ocasiones, una utopía. Para arreglar esta situación, además de llevar un control de la población, se deberían realizar cursos y demás ayudas que ayuden a la persona extranjera a superar dificultades como el idioma o la cultura.

7.2.1 Discriminación y barreras legales

Al igual que en el caso de las personas con discapacidad, se deberían mejorar y cambiar ciertos aspectos para facilitar la entrada al mundo laboral.

▼ **Legislación antidiscriminación**

Reforzar leyes existentes e implementar nuevas que prohíban la discriminación basada en la nacionalidad u origen étnico en el lugar de trabajo. Estas leyes deben garantizar la igualdad de oportunidades laborales para todos los trabajadores, independientemente de su nacionalidad o raza.

▼ **Protección de los derechos laborales**

Es necesario garantizar que los derechos básicos, como el salario mínimo, las horas de trabajo o demás condiciones, se apliquen de manera equitativa a todos los trabajadores, incluidos los extranjeros. Con esto, se pretende proteger a estos trabajadores de sufrir explotación o abuso laboral.

▼ **Reconocimiento de títulos y experiencia**

Esto permitirá que los trabajadores extranjeros puedan utilizar plenamente sus habilidades y conocimientos en el mercado laboral local sin enfrentar barreras burocráticas o discriminación. El proceso debería ser claro y ágil, presentando en todo momento la información de los pasos a seguir de la forma más clara y objetiva posible. Tanto los estudios como la experiencia deberían ser examinadas y valorar de forma objetiva si es comparable con los estándares del país, precisando de los servicios de un experto si fuera necesario. Al igual que esto, también es necesario concienciar a los empleadores de la capacidad de los trabajadores extranjeros y evitar que tengan temor en su contratación.

▼ **Acceso a programas de empleo**

Garantía de que los trabajadores extranjeros tengan acceso a programas de capacitación y empleo ofrecidos por el gobierno u otras organizaciones. Estos programas pueden incluir cursos de idiomas, capacitación laboral y programas de inserción laboral diseñados específicamente para ayudar a los trabajadores extranjeros a integrarse al mercado laboral. También es necesario ofrecer cursos o formación de orientación cultural, tanto de la sociedad como del mundo laboral en el país, así como facilitar la enseñanza del idioma con recursos online o presenciales.

7.2.2 Acceso a programas de capacitación y empleos

Para mejorar e incentivar la entrada al mercado laboral de las personas extranjeras, es necesario implementar una serie de medidas para mejorar la situación.

▼ **Facilitar la inclusión**

Elaborar programas de capacitación y empleo que sean inclusivos y accesibles para personas de diferentes nacionalidades y culturas. Estos programas deben tener en cuenta las necesidades específicas de los extranjeros, como el idioma, la adaptación cultural y las diferencias en la formación educativa y profesional.

▼ **Información y orientación**

Ofrecer información clara y accesible sobre los programas de capacitación y empleo disponibles para extranjeros, así como orientación personalizada para ayudarles a identificar las opciones más adecuadas a sus habilidades, experiencia y objetivos profesionales. Es vital, como se ha mencionado, que cuenten con una ayuda, aunque sea de forma online, si tienen cualquier duda.

▼ **Formación en idiomas y trabajo**

Ofrecer cursos de idiomas y formación en habilidades laborales específicas que ayuden a los extranjeros a mejorar su empleabilidad y adaptarse al mercado laboral local. Es importante que sean de coste bajo, incluso gratuitos, y que incluyan todo lo necesario para enfrentarse al mundo laboral. Cursos de idiomas, conocimiento de la tecnología usada en la actualidad o situaciones prácticas dentro de una empresa son ejemplos que ayudarían a crecer.

▼ **Prácticas**

Conocer las empresas y el método de trabajo es una forma de adquirir experiencia laboral y mejorar las habilidades específicas del sector. Estas experiencias pueden ser especialmente beneficiosas para los extranjeros que están ingresando al mercado laboral por primera vez en el país de acogida.

▼ **Asesoramiento laboral**

Además de estar presente en caso de duda, es necesario brindar asesoramiento laboral y apoyo individualizado a los extranjeros durante su búsqueda de empleo y proceso de integración laboral. Incluye asistencia para la elaboración de currículums, preparación para entrevistas de trabajo, consejos sobre redes profesionales y apoyo emocional para superar las barreras y desafíos que puedan surgir.

▼ **Colaboración con empresas**

Establecer alianzas y colaboraciones con diversas empresas para promover la contratación de trabajadores extranjeros y facilitar su integración en el mercado laboral. Dar a conocer a los empleadores el talento internacional y así brindar oportunidades a gente que puede encajar en una empresa.

7.2.3 EURES Targeted Mobility Scheme

Tal y como nos describe la página web oficial del SEPE, el EURES Targeted Mobility Scheme es una acción con apoyo financiero de la Unión Europea que tiene un doble objetivo:

▼ Ayudar a los ciudadanos que quieran encontrar empleo, prácticas u otro aprendizaje en países de la Unión Europea (Noruega e Islandia incluidas).

▼ Ayudar a las empresas o diversos centros a ayudar a encontrar personal cualificado y que quiera obtener dicha experiencia. Entre las medidas, financia gastos de viaje y manutención, cursos de idiomas, brinda reconocimiento de los estudios y la experiencia laboral de los solicitantes y ofrece asesoramiento.

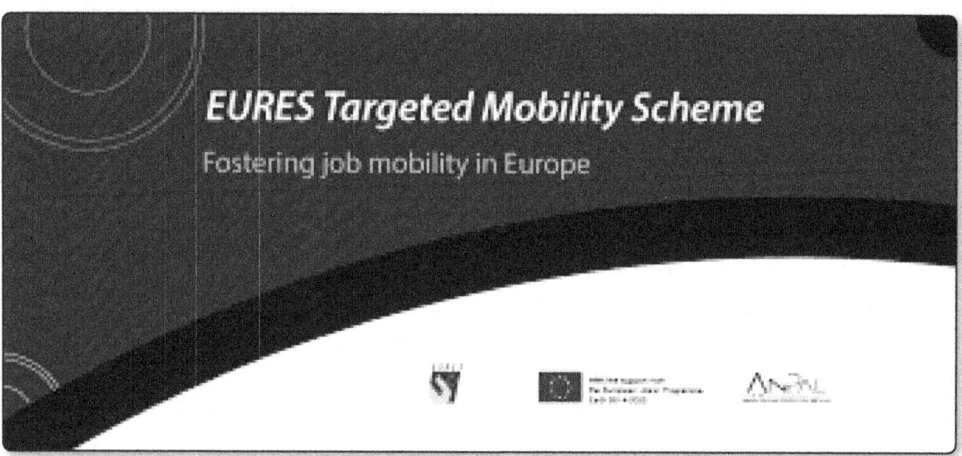

Toda la información, así como los enlaces y documentación requerida para participar, tanto si eres solicitante como empresa, está disponible en la página web oficial del SEPE. A continuación, se presenta información interesante extraída del sitio oficial.

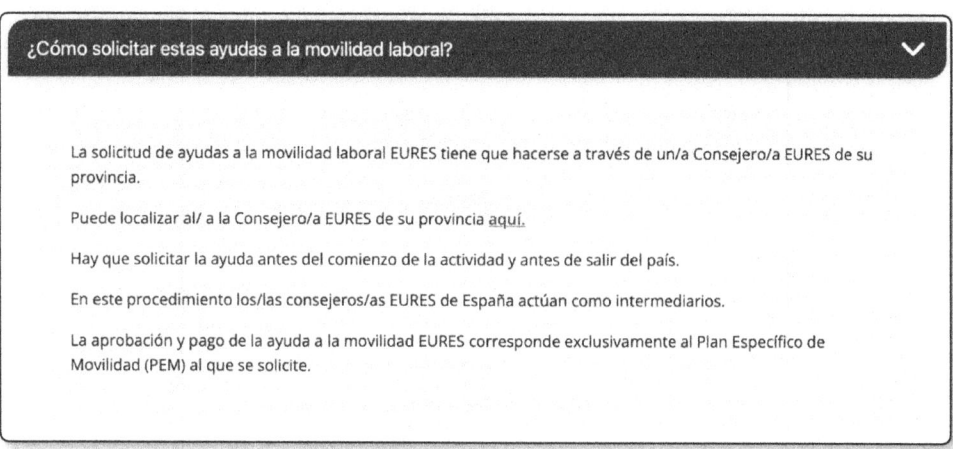

Requisitos del puesto de trabajo   ⌄

- Empleos, prácticas profesionales y formación de aprendices
- Ubicados en un Estado Miembro de la UE, Islandia o Noruega.
- Cumplir con la legislación laboral y de protección social y garantizar la protección adecuada de empleados y aprendices o becarios (seguridad social, seguro médico y de accidentes, etc.)
- Garantizar una remuneración (un salario) y una relación contractual por escrito.
- Tener una duración mínima de seis meses en el caso de empleos y aprendizajes o de tres meses en el caso de prácticas.
- La duración de la jornada laboral tiene que ser de al menos el 50% de la jornada completa.

¿Quién puede solicitar estas ayudas?

Todas las empresas u organizaciones establecidas en un país de la UE, Noruega o Islandia, independientemente de su sector económico o tamaño.

Cualquier empresa que ofrezca un contrato de trabajo escrito de al menos:

- 6 meses para puestos de trabajo o de aprendizaje;
- 3 meses para prácticas.

Cualquier empresa u organización que ofrezca una colocación que cumpla la legislación nacional.

¿Dónde puede contratar tu empresa?

En cualquier país de la UE, Islandia o Noruega.

¿Cómo puedes empezar?

- Pide información acerca de las condiciones de participación a tu consejero EURES.

7.3 PERSONAS CON ANTECEDENTES PENALES

Las personas que han estado en prisión suelen encontrarse con muchas dificultades para reinsertarse en la sociedad. Muchos empleadores, así como gran parte de la sociedad, son reacias a que tengan estas oportunidades. Entre los puntos clave, se destacan los siguientes:

▼ **Discriminación laboral**

Las personas con antecedentes penales se enfrentan a una difícil situación en el mercado laboral, lo que dificulta su capacidad para encontrar empleo debido a prejuicios y estereotipos negativos. Muchas empresas no los tienen si quiera en cuenta para un puesto al que pueden estar capacitados.

▼ **Opinión social**

Los pensamientos asociados con los antecedentes penales pueden afectar la autoestima y la confianza de las personas, dificultando su capacidad para reintegrarse en la sociedad y encontrar empleo estable. Esto no solo afecta psicológicamente, sino que también tiene consecuencias en la práctica laboral.

▼ **Limitaciones de oportunidades**

Las personas con antecedentes penales pueden enfrentarse a limitaciones en cuanto a las oportunidades laborales disponibles ya que algunas empresas pueden evitar contratar a personas con ciertos tipos de antecedentes, sin valorar su capacidad o experiencia para el trabajo.

▼ **Barreras legales y regulatorias**

Muchos países tienen leyes y regulaciones que restringen el acceso al empleo para personas con antecedentes penales, especialmente en ciertas industrias o roles sensibles.

Para que esta situación mejore y estas personas tengan oportunidades en el mercado laboral, existen diversas opciones:

Programas de reinserción laboral

Existen programas y organizaciones dedicadas a ayudar a las personas con antecedentes penales a reintegrarse en la sociedad y encontrar empleo, proporcionando apoyo, orientación y oportunidades de capacitación laboral.

Iniciativas de segunda oportunidad

Algunas empresas y organizaciones están implementando iniciativas de segunda oportunidad que ofrecen empleo a personas con antecedentes penales, reconociendo su capacidad para rehabilitarse y contribuir de manera positiva a la sociedad.

Educación y formación profesional

Estos dos puntos pueden ofrecer a las personas con antecedentes penales las habilidades y la capacitación necesarias para acceder a empleos calificados y bien remunerados, abriéndoles nuevas oportunidades.

Apoyo de la sociedad

El apoyo de la comunidad, incluidos amigos, familiares, grupos de apoyo y diversas organizaciones, puede desempeñar un papel crucial en la reintegración exitosa de personas con antecedentes penales, proporcionando redes de apoyo y recursos adicionales.

En resumen, la situación laboral de las personas con antecedentes penales está marcada por desafíos complicados, pero también hay oportunidades para el cambio positivo a través de programas de reinserción laboral, iniciativas de segunda oportunidad y apoyo comunitario.

¿Puede una empresa solicitar los antecedentes penales?

Ante esta pregunta, la Agencia Española de Protección de Datos ofrece esta respuesta.

← **¿Se pueden solicitar los antecedentes penales para un puesto de trabajo?**

La LOPDGDD establece en su artículo 10 que los datos personales relativos a condenas e infracciones penales, así como a procedimientos y medidas cautelares y de seguridad conexas, para fines distintos de los de prevención, investigación, detección o enjuiciamiento de infracciones penales o de ejecución de sanciones penales, solo podrá llevarse a cabo cuando se encuentre amparado en una norma de Derecho de la Unión, en la propia LOPDGDD o en otras normas de rango legal.

Por consiguiente, no es legalmente posible exigir a los candidatos a un puesto de trabajo un certificado de antecedentes penales, que no puede ser objeto de tratamiento salvo en aquellos supuestos excepcionales en que, autorizados por una Ley y con las debidas garantías se contemple dicha medida.

En este sentido existen específicas normativas que lo contemplan, por ejemplo, en lo relativo a seguridad de aeropuertos en que una norma europea de directa aplicación como es el Reglamento europeo sobre normas comunes para la seguridad de la aviación civil, impone la medida relativa a la comprobación de los antecedentes personales del personal que accede a zonas restringidas de seguridad.

En consecuencia, solamente resultará conforme a lo establecido en la LOPDGDD la solicitud de un certificado de antecedentes penales a las personas que se contraten por una entidad en el supuesto de que una Ley nacional, o una norma europea de directa aplicación, contemplen dicha medida, en otro caso, la misma resultaría contraria a lo regulado en la normativa de protección de datos.

7.4 PERSONAS MAYORES

En multitud de ocasiones, personas que tienen una gran experiencia o unos estudios más que válidos son desechadas por las empresas por considerarlas demasiado mayores.

▼ **Discriminación por edad**

Las personas mayores enfrentan discriminación por edad en el mercado laboral, ya que algunos empleadores pueden tener prejuicios sobre su capacidad para adaptarse a las nuevas tecnologías, aprender nuevas habilidades o mantener el ritmo de trabajo.

▼ **Percepción negativa**

Existe una idea social asociada con la edad, que puede llevar a percepciones negativas sobre la productividad, la energía y la capacidad de las personas mayores para realizar determinadas tareas laborales, lo que dificulta su capacidad para encontrar empleo o desarrollarse internamente en su empresa.

▼ **Competencia con trabajadores más jóvenes**

Las personas mayores a menudo compiten con trabajadores más jóvenes en el mercado laboral, quienes pueden ser percibidos como más flexibles, dinámicos o adaptables, lo que puede dificultar su capacidad a ser considerados para ciertos puestos de trabajo.

▼ **Desactualización**

Algunas personas mayores pueden tener dificultades para encontrar empleo debido a la falta de actualización de habilidades o conocimientos, especialmente en el campo de la tecnología.

¿Qué debería buscar la empresa en personas mayores?

▼ **Experiencia y conocimientos**

Las personas mayores aportan una amplia experiencia y conocimientos acumulados a lo largo de los años, lo que puede ser valorado por ciertos empleadores que reconocen la importancia de la experiencia en el trabajo.

▼ **Estabilidad y compromiso**

Las personas mayores suelen ser percibidas como trabajadores estables y comprometidos, con una menor rotación laboral y una mayor lealtad a la empresa, lo que puede ser atractivo para empleadores que buscan empleados a largo plazo.

▼ **Liderazgo**

Dicha experiencia suele traducirse en una mejor resolución de los conflictos, de situaciones incómodas e, incluso, suelen ser una buena figura de líder entre los compañeros.

▶ **Reciclaje laboral**

Existen programas y oportunidades de adaptación a los nuevos puestos de trabajo y la tecnología actual dirigidos específicamente a personas mayores, que les permiten adquirir nuevas habilidades y conocimientos relevantes para el mercado laboral actual.

En resumen, aunque las personas mayores enfrentan desafíos significativos para encontrar empleo debido a la discriminación por edad, también tienen oportunidades únicas para destacarse en el mercado laboral debido a su experiencia, estabilidad y habilidades personales.

7.5 COMUNIDAD LGBTQ+

Distintos miembros de esta amplia comunidad sufren para encontrar trabajo por prejuicios y pensamientos que deberían desaparecer. Si poco a poco la sociedad está avanzando, lo mismo debería ocurrir en los puestos laborales.

▶ **Discriminación y prejuicio**

Los miembros de la comunidad LGBTQ+ se enfrentan continuamente a estas situaciones en el lugar de trabajo, que pueden manifestarse en forma de trato desigual, acoso laboral y barreras para el avance profesional.

▶ **Falta de protección legal**

En muchas ocasiones, la legislación laboral no proporciona protección explícita contra la discriminación por orientación sexual o identidad de género, lo que les deja vulnerables a la discriminación y la injusticia en el lugar de trabajo.

▶ **Ambiente laboral**

Algunos trabajadores LGBTQ+ pueden enfrentarse a un ambiente laboral hostil o no inclusivo, donde no se sienten seguros para ser ellos mismos y expresar su identidad de género o sexualidad, lo que puede afectar a su bienestar emocional y, por ende, a su desempeño laboral.

▶ **Acceso limitado a oportunidades**

Los miembros de la comunidad LGBTQ+ pueden enfrentar limitaciones en cuanto a las oportunidades de empleo y promoción laboral, ya sea debido a la discriminación directa o a la falta de redes de apoyo y oportunidades de desarrollo profesional.

Para lograr solucionar esta situación, algunas de las recomendaciones pueden ser las siguientes:

▶ Políticas de diversidad e inclusión

Las empresas y organizaciones pueden promover estas políticas para promover un ambiente laboral seguro y respetuoso con todos los empleados, dejando a un lado su orientación sexual o identidad de género.

▶ Sensibilización

Ofrecer programas de sensibilización y formación sobre diversidad e inclusión que ayuden a educar a los empleados sobre los desafíos que enfrenta la comunidad LGBTQ+ y promuevan el respeto mutuo y la aceptación en el lugar de trabajo.

▶ Apoyo

Si es necesario, crear diversos grupos u ofrecer asesoramiento a los empleados LGBTQ+ dentro de la organización, que proporcionen un espacio seguro para compartir experiencias, recibir apoyo emocional y promover la inclusión en el lugar de trabajo.

En resumen, aunque los miembros de la comunidad LGBTQ+ enfrentan desafíos significativos en el mercado laboral debido a la discriminación y la falta de protección legal, también existen oportunidades para promover la igualdad y la inclusión a través de políticas, programas y acciones concretas dentro de las empresas y organizaciones.

7.6 OTROS COLECTIVOS

Además de estos, existen otros colectivos que sufren un trato desigual en el ámbito laboral. En estos grupos, se incluyen los inmigrantes, refugiados, personas sin hogar o mujeres que son víctimas de violencia de género. Muchas asociaciones como Cruz Roja desde INCORPORA o la fundación Adecco facilitan la inserción laboral y promueven puestos específicos para que la situación se revierta.

14 Sep Integración laboral de personas en riesgo o situación de exclusión social mediante itinerarios de inserción 2023

De igual forma, desde páginas oficiales del gobierno o comunidades autónomas se puede encontrar información y una amplia variedad de empresas dedicadas a las actividades de inserción laboral a personas con riesgos de exclusión social.

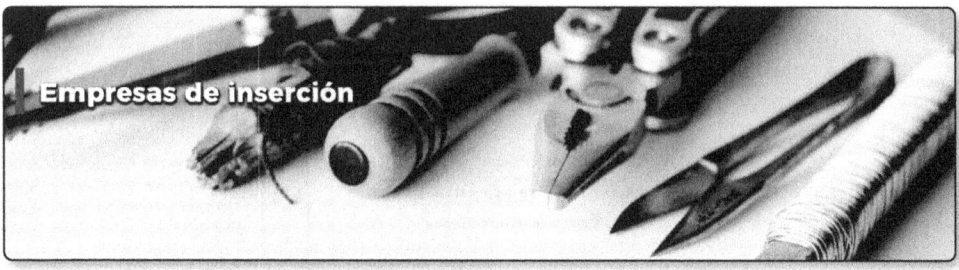

El instituto de las mujeres también ofrece colaboración con diversas empresas y organismos para fomentar la inserción laboral a las mujeres que han sufrido violencia de género. Desde su web se tiene acceso a toda la información, entre otras al Plan Estratégico o a las medidas solicitadas a todas las empresas.

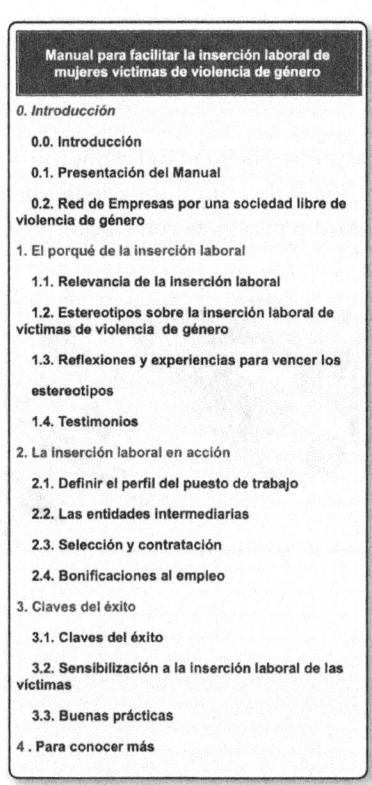

POR UNA
SOCIEDAD LIBRE DE VIOLENCIA DE GÉNERO

La violencia contra las mujeres constituye una de las violaciones de derechos humanos más graves y habituales de cuantas se cometen en nuestra sociedad como en otras partes del mundo. La violencia sexual y la violencia en el ámbito de pareja o expareja son, entre otras, manifestaciones de la violencia que se ejerce contra las mujeres por el simple hecho de serlo. Dicha violencia se produce en todos los espacios y esferas de la interacción humana, siendo ejercida contra mujeres y niñas, tanto de manera individual como colectiva.

La reparación de los diferentes impactos que la violencia tiene en las vidas de las mujeres y otras víctimas supervivientes, como sus hijas e hijos, tiene como eje fundamental la inserción laboral de estas mujeres, que, en muchos casos, se han visto privadas de la posibilidad de acceso a un empleo, constituyéndose como un colectivo especialmente vulnerable y con dificultad de acceso al mercado laboral. Por ello, son necesarias, tal y como se recoge en el Plan Estratégico, para la Igualdad Efectiva de Mujeres y Hombres, medidas de inserción socio laboral, que coloquen en el centro a las mujeres víctimas de la violencia, y garanticen sus derechos.

Mediante la iniciativa **"Empresas por una Sociedad Libre de Violencia de Género"**, el Instituto de las Mujeres, a través de la Secretaría de Estado de Igualdad y contra la Violencia de Género, suscribe protocolos de colaboración con empresas de ámbito nacional y en distintos sectores de actividad para fomentar la integración social y laboral de las mujeres víctimas de violencia de género. Las empresas adquieren el compromiso de facilitar la inserción laboral de mujeres víctimas de violencia de género en sus plantillas y el Instituto de las Mujeres presta asesoramiento a la entidad firmante, así como herramientas y apoyo de entidades colaboradoras para facilitar los procesos de inserción.

Para acercar a las empresas y, en particular, a las personas responsables de selección y contratación de personal, al proceso de inserción laboral de las mujeres víctimas de violencia machista, romper estereotipos y falsas creencias acerca de estas mujeres, así como asesorar y facilitar su contratación, el Instituto de las Mujeres ha elaborado, en colaboración con empresas de esta Iniciativa el **Manual para facilitar la inserción laboral de mujeres víctimas de violencia de género.**

Información del sitio web Instituto de las mujeres

Conclusiones

Es necesario abordar la desigualdad existente y que experimentan las mujeres en el entorno laboral y la necesidad urgente de una solución. Es destacable que, a pesar de los avances en lo referente a la igualdad de género, aún persisten barreras significativas en términos de acceso a empleo, salarios, oportunidades de promoción y condiciones laborales justas y equitativas para las mujeres como se ha visto en ejemplos propuestos como los complementos o la promoción interna.

Se reconoce que la desigualdad de género no solo es negativa por sí misma, sino que también tiene graves consecuencias para la sociedad, sobre todo en la economía y en el crecimiento de la misma. Por tanto, es necesario reconocer y solucionar esta desigualdad, incluidos los estereotipos de género existentes, las diferencias en el mercado laboral y la falta de políticas y medidas efectivas para promover la igualdad de oportunidades.

Así pues, se acentúa la importancia de implementar políticas y programas específicos que aborden las necesidades y desafíos únicos que enfrentan las mujeres en el ámbito laboral, incluida la promoción de la igualdad salarial, la protección contra la discriminación y el acoso, el acceso a oportunidades de desarrollo profesional y la conciliación entre el trabajo y la vida personal, algo muy importante y que las empresas deberían comenzar a valorar de mejor forma.

Por ello, sería muy interesante que tanto las empresas como los gobiernos y demás organizaciones promoviesen toda la información y formación necesaria para concienciar a la sociedad, comenzando por los propios empleados dentro de una empresa.

Estas dificultades también son visibles en otros colectivos como personas con antecedes penales, extranjeras, LGTBQ+, mayores e, incluso, en jóvenes que realizan las prácticas formativas. Una mayor igualdad en el ámbito laboral, con las mismas oportunidades para todas las personas por igual, significará que la sociedad que deseamos está más cerca.

Para la elaboración de este libro, se ha usado VistaCreate para la edición y uso de imágenes.

Los datos recogidos, así como varias capturas que se mencionan, han sido tomadas de los siguientes sitios web (ordenadas por orden alfabético):

- **Agencia Estatal Boletín Oficial del Estado**. https://www.boe.es

- **Asociación Alma**. https://www.asociacion-alma.es

- **Aula10**. https://aula10formacion.com

- **Cáritas**. https://www.caritas.es

- **Comisión Europea**. https://commission.europa.eu/index_es

- **Comunidad de Madrid**. https://www.comunidad.madrid

- **Cruz Roja**. https://www2.cruzroja.es

- **Delegación del gobierno contra la violencia de género**. https://violenciagenero.igualdad.gob.es/informacionUtil/comoDetectarla/home.htm

- **EURES Targeted Mobility Scheme**. https://euresmobility.anpal.gov.it

- **Fundación ConecTEA**. https://www.fundacionconectea.org

- **Gobierno de España (Instituto de las mujeres, Ministerio de Igualdad)**. https://www.inmujeres.gob.es

- **Instituto Nacional de Estadística**. https://www.ine.es

- **LinkedIn**. https://www.linkedin.com

- **Ministerio de Universidades, ANECA y CRUE Igualdad**. https://www.universidades.gob.es/estudio-brecha-salarial-de-genero/

- **Naciones Unidas**. https://www.un.org/es/

- **ONU Mujeres**. https://www.unwomen.org/es

- **Portal de la Transparencia**. https://transparencia.gob.es

- **Todo FP**. https://www.todofp.es/inicio.html

SÍGUENOS EN INSTAGRAM Y ACCEDE GRATIS A NUESTRA BIBLIOTECA DIGITAL DURANTE 30 DÍAS.

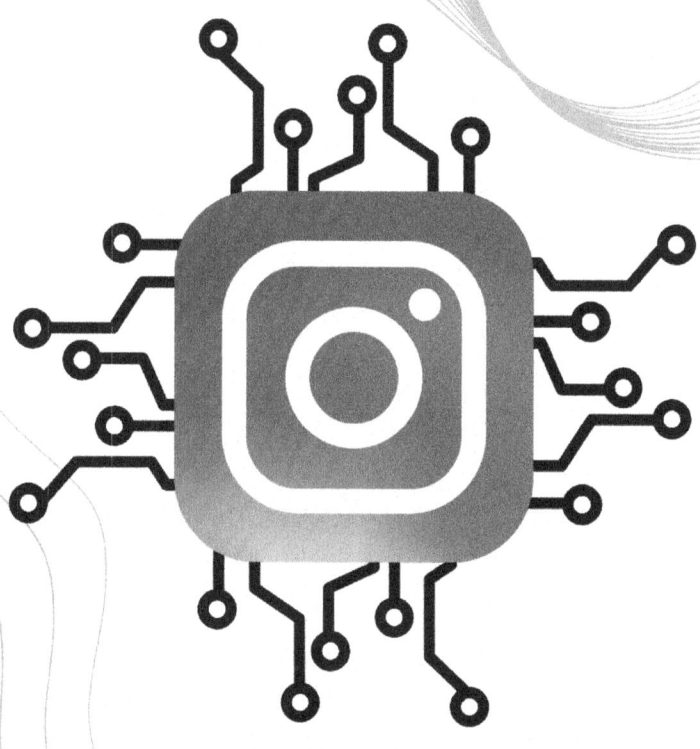

@grupoeditorialrama

¡ENVIANOS TU MAIL POR PRIVADO!

Grupo Editorial
ra-ma

40 ANIVERSARIO